Gespräche mit meinen Kindern

Ronald D. Laing

Gespräche mit meinen Kindern

Aus dem Englischen von
Hans Hermann

Kiepenheuer & Witsch

Titel der Originalausgabe *Conversations with my Children*
Die Übersetzung folgt der 1978 bei Allen Lane,
Penguin Books erschienenen Ausgabe

Aus dem Englischen von Hans Hermann

Gesamtherstellung Bercker Graphischer Betrieb, Kevelaer
Umschlag Hannes Jähn, Köln
unter Verwendung eines Fotos von Robert Golden
ISBN 3 462 01380 7

Meiner Familie

Einführung

Die hier vorliegenden Gespräche habe ich als Teil eines Tagebuchs über einen Zeitraum von sechs Jahren hinweg aus dem Gedächtnis aufgeschrieben. Ein Tonbandgerät wurde nie verwendet. Fast alle Gespräche wurden binnen vierundzwanzig Stunden zu Papier gebracht.

Nicht eines von ihnen ist konstruiert oder irgendwie arrangiert. Sie gehören ausnahmslos zum Auf und Ab der nicht geplanten Vorfälle, die sich im Verlauf meines Familienlebens ergeben. Die Kinder sind es gewohnt, mich beim Schreiben zu sehen, denn ich schreibe mal hier und mal dort, und es stört mich nicht, wenn andere Leute – auch Kinder – anwesend sind. Ich glaube nicht, daß der Akt des Aufschreibens den Charakter der Gespräche wesentlich beeinflußt hat.

Dialoge und schlagfertige Antworten haben mir schon immer Spaß gemacht, wie überhaupt jede Art von Austausch und Wechselspiel, mit und ohne Worte. Ich habe jedoch einen beträchtlichen Teil meines Lebens damit verbracht, unerfreuliche, unzulängliche und fehlende Kommunikation – vor allem innerhalb von Familien – zu studieren und dieses Elend zu veranschaulichen, zu beschreiben und theoretisch zu erfassen. Ich habe das nicht zuletzt deshalb getan, weil mir die Art und Weise, wie wir mit den uns nahestehenden Menschen zurechtkommen oder nicht zurechtkommen, so wichtig erscheint. Sie wirkt sich auf alles aus: auf unser intellektuelles, geistiges und physisches Leben wie auf unsere Emotionen und sozialen Beziehungen. Und entscheidet wesentlich mit, wie wir unsere Zeit außerhalb der Familie verbringen, Geschichte »machen« usw.

Im Zusammenhang mit der Untersuchung problematischer Interaktionen sind viele Methoden dokumentiert worden, mit denen wir uns gegenseitig zugrunderichten können, ohne daß wir dabei immer wissen, was wir tun oder was uns getan wird. Viele Nuancen des Verhaltens, mit dem wir oft unbewußt uns selbst und andere verwirren, täuschen und hinters Licht führen, sind in den letzten Jahren von Experten beschrieben worden, die diesen Teil der Hölle gut kennen.

Doch die andere Seite der Geschichte ist nicht annähernd so gründlich untersucht worden. Die Sprache des glücklichen Dialogs intelligenter Wesen ist erstaunlich knifflig und komplex geworden. Sofern sie nicht verknotet, verworren und verwirrend ist, legt sie keine lähmende und erstickende Distanz zwischen uns, sondern vielmehr den freien und offenen Raum, in dem wir gemeinsam mit der Realität spielen können, in dem wir fragen und antworten können und ergründen, was der Fall ist und was nicht, und das alles zum reinen Vergnügen. Die Strukturen des Wechselspiels, die aus dieser Tätigkeit heraus synchron und diachronisch entwickelt werden, finden für mich ihren prägnantesten Ausdruck im Kontrapunkt in der Musik oder, um es visuell auszudrükken, in der *Verflechtung.*

Es ist mir daher ein großes und erholsames Vergnügen, diese Gespräche zu präsentieren, die soviel heitere und ernste Freude ausdrücken; nicht, daß sie nicht manchmal wild und ruppig wären; nicht, daß die düstere Seite der Dinge fehlte; nur habe ich bisher den Eindruck, daß Haß, Boshaftigkeit, Rachsucht, Eifersucht, Heimtücke und Neid und die anderen lebenszerstörenden Einflüsse hier nicht die Oberhand gewinnen.

Auf den folgenden Seiten können wir die emotionale und kognitive Entwicklung von zwei in ihren natürlichen Anlagen durch nichts beeinträchtigten Kindern beobachten; diese Entwicklung vollzieht sich innerhalb des Geflechts und Gewebes von Beziehungen zu Erwachsenen, die sie nicht fürchten und die sie lieben, wie sie von ihnen geliebt werden.

Nach langer Überlegung habe ich mich entschlossen, ihren Gesprächen keinen theoretischen Aufsatz vorauszuschicken und auch auf die Fußnoten zu verzichten, zu denen ich an vielen Stellen neigte. Ich glaube, es ist am besten, sie unkommentiert stehen zu lassen, so daß der Leser sie erst einmal mit einer möglichst geringen theoretischen Vorbelastung lesen kann. Dabei werden zwar theoretische Fragen aufgeworfen, die in viele relevante Gebiete hineinreichen – Psychoanalyse, Entwicklungsepistemologie, Kommunikationstheorie, Anthropologie –, doch sie können später erörtert werden. Einstweilen hoffe ich, daß die Fachleute diese Gespräche nützlich finden. So viele Theorien lassen sich auf ihnen aufbauen! Ich werde auf diesen Seiten nicht durch sie hindurch oder über sie hinweg mit meiner Erwachsenenstimme reden. Da in dem Buch fast ausschließlich Kinderstimmen zu Wort kommen, könnte ich mir vorstellen, daß es ebensosehr von

Kindern wie von Erwachsenen und – da es keine fachlichen oder wissenschaftlichen Kenntnisse voraussetzt – von allen möglichen Leuten und nicht nur von erwachsenen Kinder-»Experten« gelesen wird.

Ich hoffe, diese Seiten tragen zu der Erkenntnis bei, daß Erwachsene vom Kontakt zu Kindern den gleichen Nutzen haben wie Kinder vom Kontakt zu Erwachsenen. Nur von Kindern erfahren wir etwas über Kinder. Unser Verständnis für uns selbst verkümmert sehr stark, wenn wir den Kontakt zur Kindheit verlieren. Erwachsene, die ohne Kinder in ihrem Leben auskommen müssen, können darunter ebenso leiden wie im umgekehrten Fall die Kinder. Ich vermute, daß Kinder in der Erwachsenenentwicklung eine ähnlich bedeutsame Rolle spielen wie wir Erwachsenen in der Entwicklung der Kinder. Ich verbringe meine Zeit nicht mit ihnen, weil ich muß oder weil ich sollte, sondern ganz einfach weil ich will.

Nachdem ich mich von Berufs wegen viele Jahre lang mit der menschlichen Kommunikation befaßt habe, ist mir sehr wohl bewußt, was diesem Buch fehlt. Es gibt nur ganz wenige Hinweise auf Tempo, Rhythmus, Tonhöhe, Lautstärke und Klangfarbe der Worte auf dem Papier, und man erfährt fast gar nichts über Bewegung, Ausdruck und Gesten, die unlösbar mit dem Interaktionsgeschehen verbunden sind.

Diese Gespräche erwachsen aus der Zeit vor der gesprochenen Sprache. Adam und Natasha genossen und genießen beide eine kontinuierliche, höchst enge wechselseitige Beziehung zu ihrer Mutter, Jutta. Die späteren Wortwechsel auf diesen Seiten sind eine Art von Austausch, der aus bereits bestehenden wechselseitigen Beziehungen erwächst.

Tatsächlich waren die frühen Jahre unserer Kinder – ehe die Sprache sich vordrängte – so ergiebig, daß wir bei aller Freude über ihre ersten Worte auch ein wenig Trauer und Sehnsucht empfanden, wenn wir an die Feinheit ihrer musikalischen und tänzerischen Äußerungen in der Vergangenheit dachten. Es ist manchmal schwierig, mit den Kindern Schritt zu halten: nicht traurig zu sein, wenn man ein Mädchen oder einen Jungen gewinnt, wenn die Zeit des Säuglings und Kleinkindes zu Ende geht. Und wenn dieses Buch in die Hände des Lesers gelangt, werden die Kinder, die auf seinen Seiten dargestellt sind, schon mehrmals ihren Kleidern entwachsen sein.

Einige dieser Gespräche sind manchen Leuten so unglaublich erschienen, daß ich gefragt worden bin, ob ich sie erfunden hätte. Nein. Das habe ich nicht. Das konnte ich nicht. So gerne ich diesen Anspruch erheben würde, so kann ich mich doch nur für die Tatsache verbürgen,

daß ich nichts hinzugefügt habe. Ich bin für Streichungen verantwortlich und – das ist wohl unvermeidlich – für einige versehentliche Auslassungen. Aber ich habe nichts hinzugefügt, nichts ausgeschmückt. Ich habe lediglich ausgewählt. Es gibt intime Dinge im Familienleben, die nach meiner altmodischen Ansicht nicht an die Öffentlichkeit gehören. Es vergingen ohnehin ein paar Jahre, bis es mir nicht mehr unschicklich vorkam, auch nur diese wenigen Dinge aus einem sehr persönlichen Bereich zu veröffentlichen. Im übrigen geschieht das mit dem vollen Einverständnis meiner Frau – und der Kinder.
Ich brauche auch kaum zu betonen, daß die Kinder nicht ihr Leben damit verbracht haben, Gespräche mit mir zu führen. Ihre Beziehung zu ihrer Mutter, meiner Frau, wird auf diesen Seiten nur gestreift, aber das sollte ausreichen, um die überragende Bedeutung erkennen zu lassen, die ihr in den Angelegenheiten dieser Familie zukommt.
Auch wenn diese und andere Einschränkungen zu machen sind, ist meines Wissens noch nie eine derartige Sammlung von Gesprächen mit Kindern veröffentlicht worden.

Juni 1977 R. D. Laing

Adam geboren im September 1967
Natasha geboren im April 1970
Max geboren im Juni 1975

London	**März 1970**
Adam	hast du eine lange Stange?
Daddy	nein tut mir leid
Adam	oder eine Leiter?
Daddy	was willst du denn damit?
Adam	ich will die Sonne runterholen und entzweischlagen und sie Mami zum Kochen geben, und dann essen wir sie
Daddy	aber was machen wir dann, ohne Sonne am Himmel?
Adam	ich mag sie nicht
Daddy	was stört dich an ihr?
Adam	sie ist *langweilig*
Daddy	aber es ist die *Sonne.* Ich mag die Sonne gern
Adam	ich besorg eine neue
Daddy	wie?
Adam	ich kauf eine
Daddy	wo?
Adam	bei Woolworth
Daddy	da bin ich aber froh, daß ich keine Leiter für dich habe, wenn du so was vorhast
Adam	ach *Daddy. (Pause)* hast du nicht eine, wo ich auf Zehenspitzen oben draufstehen und sie mit einem Stock ausstochern kann?

Ceylon	**April 1971**
Adam	*(als er hört, daß es im 22 Kilometer entfernten Kandy Kämpfe und Schießereien und Tote gibt)* ich will nach Kandy gehen und Menschen töten und sie in Stücke schneiden und zum Frühstück essen, mit einem großen Gewehr aus Eisen und einem richtigen Abzug
Daddy	warum?
Adam	weil ich viele Leute erschießen und töten will, damit sie tot sind. So wie das letztemal
Daddy	wie meinst du das: das letztemal?
Adam	das letztemal als ich hier war

Daddy — hier?
Adam — das letztemal als ich lebte
Daddy — woher weißt du denn das?
Adam — ich kann mich erinnern. Ich war Soldat. Ich hab viele Leute getötet
Daddy — wirklich
Adam — hast du das letztemal viele Leute getötet Daddy?
Daddy — ich glaube nicht
Adam — in letzter Zeit nicht?
Daddy — nein
Adam — aber hast du vor langer, langer Zeit viele Leute getötet?
Daddy — das ist schon möglich, aber ich kann mich nicht daran erinnern
Adam — du kannst dich nicht daran erinnern! *(ungläubig)*
Daddy — nein
Adam — ach

Indien **Dezember 1971**

Nach einem Gewitter

Adam — was ist das für ein Bild im Mond?
(bevor ich antworten konnte)
es ist ein Mann mit einem Hammer. Wenn wir ein Gewitter haben, dann heißt das, daß er zornig ist

London **Februar 1973**

Ich sitze in meinem Sessel und lese

Natasha kommt herein und bemüht sich, ihr Schluchzen zu unterdrücken, klettert auf meinen Schoß, setzt sich aufrecht hin, das Gesicht abgewendet, legt den Kopf weit zurück und bricht in ein Geheul aus und heult und heult.

Ich will die Arme um sie legen, doch sie stößt mich weg, und als ich mit einer tröstenden Geste behutsam ihre Fingerspitzen berühre, reißt sie ihre Hand zurück, und aus ihrem Heulen droht ein Schreien oder gar Kreischen zu werden. Eigentlich möchte ich sie fragen, was denn los ist, möchte sie an mich drücken, sie streicheln oder mit Worten trösten, doch es bleibt mir gerade noch Zeit, diese Regung zu unterdrücken, ehe sich ihr Geheul verliert und sie den Kopf neigt und mich zum erstenmal ansieht. Mit einem einzigen Lächeln sagt sie Hallo, Aufwiedersehen, vielleicht Dankeschön Daddy. Mit einem alles abschließenden Seufzer rutscht sie von meinem Schoß und trottet langsam zur Tür hinaus, ohne daß ein Wort zwischen uns gefallen wäre und ohne sich umzublicken, ihrem nächsten Abenteuer entgegen.

Februar 1973

Vor dem Essen

Natasha hält sich den Kopf und heult. Blutet sie? Muß sie genäht werden? Nein. Nichts Ernstes.
Es war Adam mit seinem Gewehr, sagt sie.

Er streitet es ab. Dann sagt er, er habe es nicht absichtlich getan. Das heißt, er tat es absichtlich. Ich nehme ihm sein Gewehr und die Pistolen weg und lege sie ganz oben auf ein Regal, unmittelbar unter der Decke.

Beim Essen

Er wird einen Eimer Wasser auf mich schütten, wenn ich im Bett liege und schlafe.
Er wird bei der Polizei anrufen, weil ich gemein zu ihm war, und er kennt ihre Telefonnummer.

Er wird eine Leiter bauen und seine Pistolen herunterholen. Und Natasha ist dabei, auf *seiner* Seite.
Sie wird mir den Kopf abschneiden
und dann meine Nase abschneiden
und

»dann such ich mir ein Versteck
und da kannst du mich nicht finden«

Nach dem Essen

Adam hat einen Weg gefunden, an sein Gewehr und seine Pistolen zu kommen. Er kommt mit seinem Gewehr in mein Zimmer

»Ich bring es irgendwohin, wo ich *(sic)* es nicht mehr finden kann«

Er bringt es weg
Kurz danach kommt er wieder damit zu mir, um es mir zu zeigen

Adam — Du glaubst mir vielleicht nicht
Ich — O doch ich glaube dir. Es ist alles in Ordnung
Adam — Nein. Vielleicht glaubst du mir doch nicht. Es ist besser, ich zeig's dir

Wieder geht er mit dem Gewehr raus, um es erneut irgendwo zu verstecken, wo er es nicht mehr finden kann. Ein paar Minuten später kommt er mit dem Gewehr zurück und zeigt es mir, beinahe pädagogisch, um dreifach sicherzustellen, daß ich ihm glaube. Er geht wieder. Nach einiger Zeit kommt er zurück, in einer grünen Uniform und mit Stahlhelm und Gewehr.

Adam — Kommandier mich rum
Ich — Ich versuche zu arbeiten wenn es dir nichts ausmacht
Adam — Ach komm schon, kommandier mich rum

Ich kommandiere ihn rum

Achtung. Im Gleichschritt Marsch. Stillgestanden. Rührt euch. Gewehr über. Im Gleichschritt Marsch . . .

Stunden vergehen. Sie müßten schon im Bett sein.
Adam und Natasha zeichnen. Es ist still und friedlich.
Er hat sich bei mir die Dose mit meinem Schreibgerät geliehen, Bleistifte, Filzstifte, Schreibfedern

Ach! Jetzt hat er doch alles auf den Boden gekippt! Grrrr-

Februar 1973

Der Große Alte Mann beugt sich aus Höflichkeit tief hinunter *(so daß Natasha nicht zu ihm aufblicken muß)* und erkundigt sich mit freundlichem Ernst

Bist du gerne du?

Natasha — ja ich bin gerne ich. Ich bin ein sehr nettes Mädchen und ein sehr gescheites Mädchen, und alle mögen mich. Sogar Mami mag mich.

Februar 1973

Natasha	Daddy. Würde es dir gefallen wenn Mami deine Mami wäre?

März 1973

Adam	Was liest du da?
Ich	Liebesgedichte
Adam	Hast du keine Haßgedichte?
Ich	im Augenblick möchte ich ganz gern die hier lesen wenn du nichts dagegen hast
Adam	*(fröhlich)* Warum schreibst du nicht ein paar *Haß*-gedichte?

22. April 1973

Jutta, Adam und Natasha reisen morgen nach Stuttgart, um eine Woche bei Juttas Eltern zu verbringen.

Schlafenszeit

Daddy	Ich bin traurig weil du fortgehst Natasha
Natasha	Ich bin heute nicht traurig, ich werde morgen traurig sein

---

Jutta und ich kommen in letzter Zeit nicht so gut miteinander zurecht. Natasha interessiert sich neuerdings für Klebstoff und Klebestreifen. Sie schneidet gern Dinge aus und klebt sie zusammen.

Im Augenblick rennt sie in meinem Zimmer von Wand zu Wand und läßt sich jedesmal dagegenplumpsen

Ronnie	Was machst du da?
Natasha	das Herz
Ronnie	das Herz?
Natasha	ja *(sie läßt sich weiter gegen die Wände plumpsen)*
Ronnie	und was tut das Herz?
Natasha	das Herz liebt *(sie hört auf von Wand zu Wand zu rennen)*
Ronnie	das Herz liebt?
Natasha	ja
Ronnie	wen? was?
Natasha	das eine Herz liebt viele Menschen
Ronnie	das eine Herz liebt viele?
Natasha	das eine Herz liebt viele viele

Juli 1973

Adam	und was würdest du sagen, wenn – komm schon Daddy, du bist dran
Daddy	wenn dir einer Spaghetti in die Nase stopfen würde
Adam	und was würdest du sagen, wenn einer aus Sand und Wasser einen Brei mischen und dir in den Hals stopfen würde
Daddy	und was würdest du sagen, wenn dich einer in eine große Wanne – so groß wie dieses Zimmer – voller Sirup setzen würde
Adam	und was würdest du sagen, wenn ich dir die Nase abschneiden würde
Daddy	und was würdest du sagen, wenn ich dir die Arme und den Körper und die Beine und den Kopf abschneiden würde – wo wärst du dann wohl
Adam	da *(mich da tätschelnd)* in meinem Körper und was würdest *du* sagen, wenn ich deinen Körper in winzige Stückchen zerschneiden würde *(zeigt das mit Daumen und Zeigefinger der rechten Hand)* und wenn ich dann diese Stückchen in noch viel kleinere Stückchen zerschneiden würde
Daddy	*(zögert für den Bruchteil einer Sekunde)*
Adam	*(bevor ich zu Atem komme)* wo wärst du dann wohl?

Daddy	*(er hat mich in die Enge getrieben)*
Adam	*(seinen Vorsprung nutzend)* los sag's mir
Daddy	ich weiß nicht
Adam	*(zuckt zusammen)**
Daddy	ich wäre vielleicht wie der leere Raum
Adam	*(zuckt zusammen)*
Daddy	oder ich wäre vielleicht am Ende
Adam	*(zuckt zusammen)*
Daddy	was meinst denn du
Adam	*(zuckt zusammen)*
Daddy	kannst du dich erinnern?
Adam	*(zuckt zusammen)*
Daddy	weißt du es?
Adam	*(zuckt zusammen)*
Daddy	vielleicht am Ende
Adam	mmmm

Oktober 1973

Natasha schlägt mit einem Schuh gegen eine Tür

Natasha	Ich will ein kleines Ding töten, Daddy
Daddy	Aha. Das ist aber nicht schön Was würdest du sagen, wenn dich jemand töten wollte?
Natasha	Ich will es töten Ich will es töten Ich will es töten und das ist dann das Ende

November 1973

Adam versucht schon eine Weile, sich aus einer Sache herauszuwinden

Jutta	du kannst mir nichts vormachen ich bin klüger als du ich *sehe* und rieche deine Fürze!

* mit beiden Armen und dem ganzen Leib – wie ein Dirigent, der blitzartige Stille signalisiert

Abends

Jutta und ich haben uns gestritten, und sie ist allein auf eine Party gegangen.

Ich sitze da, schreibe, habe schlechte Laune. Natasha kommt ins Zimmer und fängt an mit dem Klebeband herumzufummeln. Sie drückt ein längeres Stück davon zusammen und wickelt es spiralförmig auf

Daddy	was machst du da?
Natasha	ich will ein Schwert machen
Daddy	*(gereizt)* Aus einem Klebeband kannst du kein Schwert machen

Ich ärgerte mich, weil sie meine Theorie, daß es sich dabei um eine Nabelschnur handle, nicht bestätigt hatte. Aber trotzdem.

Sie nimmt zwei Blatt weißes Papier und faltet sie auf genau die gleiche Weise

Natasha	das ist das Mami-Stück und das ist das Daddy-Stück

Sie klebt sie mit dem Klebestreifen zusammen und legt sie auf meinen Schreibtisch

Natasha	Das ist für euch *beide*
Daddy	danke, Natasha

Sie nimmt vier Blatt Papier und das Klebeband, geht raus und kommt in ein paar Minuten wieder.

Sie hat zweimal zwei Blatt gefaltet und zusammengeklebt

Natasha	Das ist für dich *(gibt es mir)*, und das für Mami *(nimmt es mit sich auf ihr Zimmer)*

Später an diesem Abend

Adam, Natasha und ich haben Papierflugzeuge fliegen

lassen; nun herrscht Ruhe. Adam sitzt vor dem Fernseher im Kinderzimmer

Natasha sitzt nachdenklich in meinem Sessel
Ich sitze nicht weit weg davon an meinem Schreibtisch

Natasha Daddy?
Daddy Ja Natasha
Natasha vielleicht wird es Mami *ernst* sein damit, wenn sie heimkommt
Daddy wie meinst du denn das?
Natasha vielleicht wird es ihr ernst sein damit
Daddy womit?
Natasha vielleicht wird sie *schreien (Pause)*. Vielleicht wird sie Adam anschreien.

November 1973

Natasha und ich lassen ein Papierflugzeug zwischen uns hin- und herfliegen.

Wenn es geradewegs auf sie zufliegt und sie es nicht fangen kann, ruft sie

Du hast mich verfehlt

und wenn es weit an mir vorbeifliegt und ich es nicht fangen kann, ruft sie

Du hast es verfehlt

Dezember 1973

Natasha wünscht sich ein Klebeband zu Weihnachten

Dezember 1973

Adam darf, auch wenn er allein ist, mit einer Streichholzschachtel spielen, Streichhölzer aus der Schachtel nehmen und Streichhölzer anzünden.

Natasha darf, auch wenn sie allein ist, mit einer Streichholzschachtel spielen, Streichhölzer herausnehmen, sie aber nicht anzünden. Im Augenblick darf sie es allerdings, da ich da bin.

Natasha *(zündet Streichhölzer an, bläst sie aus und hängt traurigen Gedanken nach)*
Das Anzünden ist besser als das Herausnehmen

Und dann, während sich ihr Gesicht aufhellt:

aber ich kann mehr *übriglassen** als Adam

Dezember 1973

Ich sitze da und schreibe
Allerlei Krimskrams geht mir durch den Kopf.

Mir geht das nicht ein
warum ist der Floh nur so klein

Mami Mir geht das nicht ein
und wo werd ich sein
wenn ich sterbe

(zu mir selbst)
Wo werd ich sein, wenn ich sterbe? *(Pause)* Ich weiß es nicht

Natasha *(fast vorwurfsvoll, als redete ich Unsinn)* ich auch nicht. Das weiß überhaupt niemand

Dezember 1973

Jutta Der Kaiser hatte den schönsten Palast in der ganzen Welt, so daß keiner daran vorbeigehen konnte, ohne darauf aufmerksam zu werden

Natasha ich kann nicht mehr atmen

Jutta ich les dir nichts mehr vor, wenn du so weitermachst

Natasha ich halte die Luft an

* auf ihrem Teller nämlich

Jutta	Schluß für heute. Mach das Licht aus
Natasha	ich möchte, daß es anbleibt
Jutta	mach es aus
Natasha	ich möchte, daß es anbleibt
Jutta	ich sag es dir nicht tausendmal
Natasha	tausend tut mir weh

1973

Natasha klammert sich an mein Bein, während ich dastehe und meine Pfeife anzünde. Ich habe Angst, heiße Asche oder glühender Tabak könnte auf sie herunterfallen

Ich	du solltest dich nicht an meinem Bein festhalten, wenn ich mir eine Pfeife anzünde, sonst verbrennst du dich
Natasha	du solltest dich nicht an einem Bein festhalten, wenn du dir eine Pfeife anzündest, sonst verbrennst du dich

Januar 1974

Daddy	warum hat der Pfau gekreischt?
Adam	weil er sich nicht sehen konnte
Natasha	weil er sich hören wollte

Januar 1974

Ich	du sollst das nicht tun
Adam	ich tu's aber wenn du mich nicht läßt

Januar 1974

Kira	Adam geht mir nach
Ich	warum gehst du ihr nach?
Adam	ich geh ihr nach weil sie mir nachgeht

1974

Natasha und Adam sind zur Zeit ganz wild auf Smarties. Sie holen sie sich bei mir. Ich gebe ihnen mehr, als Jutta für zuträglich hält.

Natasha	*(zu Jutta)* ich hab Daddy lieb weil er mir Smarties kauft
Daddy	*(ein wenig gekränkt)* deshalb hast du deinen Daddy lieb?
Natasha	ja deshalb hab ich dich lieb

ein paar Tage später

Natasha	hast du Smarties?
Daddy	ja *(und gab ihr welche)*
Natasha	und für Adam?
Daddy	ich hab auch für ihn welche

Sie ging damit raus und kam wieder, nachdem sie sie gegessen hatte.

Natasha	ich hab dich lieb Daddy. Ich hab dich nicht nur lieb, weil du mir Smarties bringst. Es ist nicht nur, weil du mir Smarties bringst

Januar 1974

Nachmittags

Natasha schlägt mit einem Holzbeil, das Adam an diesem Nachmittag gebastelt hat, auf einen Korbsessel ein

Daddy	O. K. das reicht jetzt *(es geht weiter)* das reicht *(es geht weiter)* hör auf damit *(sie macht weiter)* ich nehm dir das Beil weg *(schlägt noch kräftiger zu)* ich nehm dir das Beil weg und werf dich hier raus
Natasha	erst schlag ich dich aufs Auge
Daddy	na gut

Ich entwinde ihr das Beil und packe sie am Handgelenk. Ich bin im Begriff, sie aus dem Zimmer zu schleppen. Aber sie geht bereits von selber hinaus, und gerade als ich die Tür erreiche, die ich hinter ihr zuschlagen will, schleudert sie sie mir voll ins Gesicht und ruft im Weggehen über die Schulter

Jetzt hast du sie für immer und ewig zugemacht

Abends

Es ist ziemlich hektisch zugegangen. Ein Boxkampf mit Adam. Ein Kitzelduell mit beiden. Nun herrscht wieder Ruhe, doch ich fühle mich ein bißchen verschlissen, wie diese Wolle, die überall herumliegt und die sie zwischen Stuhl- und Tischbeinen gespannt hatten, in der Hoffnung, damit jemand zum Stolpern zu bringen. Ich lese sie auf, lasse mich auf einen Stuhl fallen und wickle sie gedankenverloren auf

Natasha was machst denn *du* da
Ich ich wickle die Wolle auf
Natasha du wickelst dich *selbst* auf, *das* ist es. Du wickelst dich *selbst* auf, das glaub *ich* jedenfalls

Januar 1974

Adam was tun eigentlich Granaten?
Daddy sie sind wie Bomben. Sie explodieren und zerstören. Das ist alles.
Adam aber man kann den Zünder rausnehmen
Daddy äh, ja – das kann man. Und wenn sie nicht mehr explodieren können, können sie zu Schmuck werden. Wie das hier.

»Das hier« sind drei Granaten *(eine größere, die senkrecht steht, und zwei kleinere)*, zu einem Kruzifix zusammengefügt, und darauf die Figur des Gekreuzigten. Es steht auf meinem Kaminsims

Daddy So etwas kann man aus ihnen machen
Adam was ist das?

Daddy	es ist ein Mann, der gekreuzigt worden ist
Adam	was ist »gekreuzigt«?
Daddy	die bauten damals ein großes Kreuz aus Baumstämmen, rammten es in den Boden und nagelten einen daran fest, bis er starb
Adam	warum haben die so was getan?
Daddy	um Leute zu bestrafen. Heute tun sie das nicht mehr
Adam	ich weiß. Sie sperren sie ins Gefängnis oder behandeln sie

Donnerstag 23. Januar 1974

Natasha	*(hört dem Klavichord zu)* Das ist schön. Das ist sehr schwierig, ich kann schwierige Dinge ganz *leicht* tun, wenn ich übe

Februar 1974

Daddy	was hast du als erstes gesehen, als du aus Mamis Bauch gekommen bist?
Natasha	Mamis Muschi, das hab ich als erstes gesehen, als ich aus Mamis Bauch gekommen bin
Daddy	und wie hat Mamis Muschi ausgesehen?
Natasha	Mamis Muschi hat ausgesehen wie Mamis verborgenes Herz, so hat Mamis Muschi ausgesehen
Daddy	und wie hat Mamis verborgenes Herz ausgesehen?
Natasha	Mamis verborgenes Herz hat ausgesehen wie deine zwei Augen, so hat Mamis verborgenes Herz ausgesehen
Daddy	und wie sehen meine zwei Augen aus?
Natasha	deine zwei Augen sehen aus wie deine Nase, so sehen deine zwei Augen aus
Daddy	und wie sieht meine Nase aus?
Natasha	deine Nase sieht aus wie deine Zähne, so sieht deine Nase aus
Daddy	und wie sehen meine Zähne aus?
Natasha	deine Zähne sehen aus wie deine Zehen, so sehen deine Zähne aus

Daddy	und wie sehen meine Zehen aus?
Natasha	deine Zehen sehen aus wie deine Finger, so sehen deine Zehen aus
Daddy	und wie sehen meine Finger aus?
Natasha	deine Finger sehen aus wie dein Hals, so sehen deine Finger aus
Daddy	und wie sieht mein Hals aus?
Natasha	dein Hals sieht aus wie zwischen deinen Knien, so sieht dein Hals aus
Daddy	und wie sieht zwischen meinen Knien aus?
Natasha	zwischen deinen Knien sieht aus wie zwischen deinen Augen, so sieht zwischen deinen Knien aus
Daddy	und wie sieht zwischen meinen Augen aus?
Natasha	zwischen deinen Augen sieht aus wie dein nächster Kopf, so sieht zwischen deinen Augen aus
Daddy	und wie sieht mein nächster Kopf aus?
Natasha	sei nicht albern

22. März 1974

Alter Herr	was kann Natasha denn schon?
Natasha	ich kann die *meisten* Luftballone selber aufblasen

Winter 1974

Daddy	Natasha. Ich muß für eine Weile weggehen
Natasha	kann ich mit dir kommen?
Daddy	nein ich muß für eine Weile allein weggehen
Natasha	und nach einer Weile kommst du zurück?
Daddy	ja
Natasha	na gut Daddy *(nachdenkliches Schweigen)* aber Daddy?
Daddy	ja Natasha
Natasha	hast du mich lieb Daddy?
Daddy	ja ich hab dich lieb Natasha
Natasha	also wenn du mich liebhast, mußt du erlauben, daß ich bei dir bleibe

du mußt erlauben, daß ich bei dir bleibe, wenn du mich liebhast

1. April 1974

Natasha — hier ist ein Geschenk für dich und Jutta
es ist für euch beide
es ist ein Ball aus Draht
ich hab den Draht im Garten gefunden, und ich hab mir gedacht, ich würde gern dir und Jutta etwas schenken, da hab ich einen Ball draus gemacht
das hat nicht lange gedauert
ihr könnt damit spielen, wenn ihr wollt
ihr könnt ihn euch zuwerfen, wenn ihr wollt
es macht mir nichts aus, wenn er runterfällt, wenn ihr Pech habt
es macht mir nichts aus, wenn er kaputtgeht, wenn ihr Pech habt
das macht gar nichts
ich bring das in Ordnung es dauert nicht lang

Ich — danke Natasha
ich leg ihn hier auf meinen Schreibtisch

Natasha — ja du mußt gut darauf aufpassen
ihr könnt ihn euch zuwerfen
er ist für euch *beide*

27. April 1974

---

vor zwei Tagen

Adam — wann fängt die Schule wieder an
Jutta — übermorgen
Adam — wann ist das?
Natasha — zwei Schlafe

30. April 1974

Natasha spielt mit Natasha

Natasha *(zu sich selbst) schnell*
(zeigt auf ihre Nase) das ist mein Fuß
(zeigt auf ihre Augen) das ist meine Nase
(zeigt auf ihren Fuß) das sind meine Augen
(zeigt auf ihren Mund) das ist mein Hals
(zeigt auf ihren Hintern) das ist mein Kopf
(zeigt auf ihren Knöchel) das ist mein Handgelenk
Pause
schneller
mein Gesicht ist mein Bauch
mein Bauch sind meine Augen
meine Augen sind meine Zunge
meine Zunge sind meine Knöchel
meine Knöchel sind meine Hände
Pause
verschränke deine Hände
verschränke deine Beine
verschränke deine Augen
verschränke deine Nase
gluckst vor Vergnügen

11. Juni 1974

in meinem Arbeitszimmer

Natasha *(mit abrupter spontaner Entschiedenheit)*
in *diesem* Zimmer gibt es kein Ungeheuer
Daddy ach ja?
Natasha nein. Ich hab unter der Matte nachgesehen *(überzeugt)*
Daddy wie sollte sich ein Ungeheuer unter der Matte aufhalten?

Sie blickt mich an, als hätte ich von *nichts* eine Ahnung

1. Juli 1974

Natasha	ich brauch kein Nachtlicht mehr Daddy ich hab keine Angst mehr wenn's dunkel ist, weil ich keine Bilder mehr sehe
Daddy	aber ein Nachtlicht ist trotzdem ganz schön du brauchst dich nicht zu scheuen, eins brennen zu lassen
Natasha	Nein. Aber ich seh keine Bilder mehr

11. Juli 1974

Natasha	bist du traurig?
Jutta	ja
Natasha	bist du traurig über das Leben?
Jutta	ja
Natasha	ich mag dich immer noch *(Pause)* soll ich deine Mami sein?
Jutta	ach Natasha
Natasha	ich werde deine Mami sein, und du kannst dich eine Weile ausruhen, ja?
Jutta	also gut
Natasha	also gut
	Sie drückt sich an Jutta und gibt ihr einen Kuß und läuft weg. Nach ein paar Minuten kommt sie zurück
	Ich will nicht mehr deine Mami sein War das schön?
Jutta	ja. Danke Natasha
Natasha	schon gut. Bist du jetzt ein bißchen weniger traurig?
Jutta	ja

15. Juli 1974

	Jutta liegt weinend und stöhnend im Bett
Natasha	warum weinst du Mami?
Jutta	ich weiß nicht
Natasha	weinst du über das Leben?
Jutta	ja *(Pause, schluchzt)*
Natasha	wir werden nicht sterben
Jutta	wir müssen früher oder später alle sterben
Natasha	aber *früh* sterben wir nicht wir sterben erst später. Wir sterben *später (tröstend)*

31. Juli 1974

	Beim Abendessen
	Ich gieße ganz penibel beiden *exakt* die gleiche Menge Saft ins Glas
Natasha	Ich habe mehr als Adam
	Jutta gibt sich alle Mühe, ihr genauso viel auf den Teller zu geben, wie sie Adam gegeben hat
Natasha	Ich habe mehr als Adam. Ich habe eine größere Portion als Adam
Adam	Stimmt ja gar nicht
Natasha	Stimmt eben doch *(Tränen)*
	Sie aß fast gar nichts, und als Adam seinen Teller sofort leergegessen hatte, fast so schnell wie ich, verkündete sie triumphierend
Natasha	Ich hab mehr *übriggelassen* als Adam

August 1974

Als Natasha anfing, sich die Schuhe selbst anzuziehen (vor über einem Jahr), zog sie sie fast immer »verkehrt herum« an.

Das konnte kein Zufall sein.

Vor einem Jahr zog sie sie zwei, drei Monate lang *immer* falsch herum an und weigerte sich dann, sie auszutauschen. Jutta irritierte das, und sie verlangte kategorisch, sie müsse sie richtig herum anziehen, bevor sie aus dem Haus gehe, und sagte schlimme Folgen für ihre Füße und für sie selbst voraus, falls sie es nicht tue.

In den letzten paar Monaten kommt sie morgens immer in mein Zimmer und fragt

»Stimmt es so«

Manchmal stimmt es auch, aber in der Regel nicht

Die letzte Woche war nun überhaupt die erste, in der es jeden Tag »stimmte«.

August 1974

Zeit zu schlafen. Deck dich schön zu. Sprich dein Gebet

Adam	Ronnie?
Ronnie	ja
Adam	ist es in Ordnung wenn ich sage »Gott segne Gott«
Ronnie	. . . äh, jjja, ich glaube schon
Adam	und was bedeutet es?
Ronnie	ich hab keine Ahnung, was es bedeutet
Adam	ist es in Ordnung?
Ronnie	ja es ist in Ordnung
Adam	gute Nacht Ronnie
Ronnie	gute Nacht Adam

1. September 1974

Adam	ich habe Angst
Ich	wovor?
Adam	ich habe etwas gesagt, und ich weiß nicht, ob das etwas ausmacht
Ich	was hast du denn gesagt?
Adam	kennst du die Trauungszeremonie?
Ich	ja
Adam	ich hab ein Stück daraus gesagt
Ich	welches Stück?
Adam	hiermit erkläre ich euch zu Mann und Frau
Ich	wem hast du es denn gesagt?
Adam	einer Puppe
Ich	welcher Puppe?
Adam	der kleinen japanischen Puppe von Natasha
Ich	der kleinen japanischen Puppe von Natasha
Adam	macht das etwas aus?
Ich	nein das macht nichts aus

18. September 1974

Ich	... und träum schön und vergiß deine Gebete nicht
Natasha	und vergiß *du* deine Gebete nicht
Ich	Gott segne –
Natasha	*(unterbricht)* Gott segne nichts. Gott segne nichts. Gott segne NICHTS
Adam	Gott segne Gott

20. Oktober 1974

Natasha bittet mich oft, ihre Schuhe oder Stiefel zu schnüren. Vor ein paar Wochen kam sie damit täglich ein paarmal zu mir. Sie gibt genau an, welcher Schuh zuerst dran ist, wie sie sich das Muster vorstellt, die Festigkeit, die Art des Knotens und die Größe der Schleife.
Es muß alles absolut symmetrisch sein.

Bis vor zwei Wochen mußte es immer ein doppelter Knoten sein. Doch neuerdings:

du brauchst das jetzt nicht mehr tun, Daddy,
es ist schon gut so, sie machen kein Geräusch mehr,
du brauchst das jetzt nicht mehr tun, Daddy,
denn sie machen jetzt kein Geräusch mehr

27. Oktober 1974

Charlie ist drei

Natasha — Charlie schmust mit Leuten, weil er sie nicht mag. Deshalb schmust er mit ihnen

9. November 1974

Natasha — ich kann meine zwei Schnürsenkel nicht auf einmal zubinden, weil zweimal nicht auf einmal geht

1974

Natasha — wie lange dauern vierzig Minuten?

November 1974

Adam — wir werden bald zu dritt sein
Daddy — ja
Adam — Mami bekommt ein Baby
(Pause)
bist du auch stolz auf sie?
Daddy — ja
Adam — ja

Montag 25. November 1974

Abends

Natasha	warum läßt du den Kopf hängen?
Ronnie	ich bin traurig
Natasha	warum bist du traurig?
Ronnie	ich weiß nicht
Natasha	du weißt nicht
Ronnie	ich möchte schreiben, aber irgendwie kann ich nicht
Natasha	warum kannst du nicht?
Ronnie	ich weiß nicht
Natasha	was möchtest du denn schreiben?
Ronnie	ich möchte den Leuten sagen, was Leute mir sagen
Natasha	vielleicht kannst du dich nicht erinnern, was die Leute dir sagen. Vielleicht hast du vergessen, was die Leute dir sagen
Ronnie	nun ja. Du hörst doch *viel* von dem, was die Leute mir sagen. Kannst *du* dich daran erinnern?*
Natasha	ja. Ich kann mich erinnern
Ronnie	die Leute sagen so viel
Natasha	ja ich weiß
Ronnie	und was sagen sie?
Natasha	sie wollen nach Hause gehen
Ronnie	ach, tatsächlich?
Natasha	ja. Sie wollen nach Hause gehen
Ronnie	aber sie wissen nicht, wie sie nach Hause gehen sollen
Natasha	ich weiß
Ronnie	wie sollen sie nach Hause gehen, wenn sie den Nachhauseweg nicht kennen?
Natasha	ich weiß nicht
Ronnie	wie soll ich es ihnen sagen?
Natasha	ich weiß nicht
Ronnie	deshalb bin ich so traurig

* Wenn Besucher bei mir sind, darf Natasha nur in mein Zimmer, wenn ich nicht weiß, daß sie da ist. Sie hat ein Paar tibetanische Hausschuhe – sie nennt sie »Schleichschuhe« –, die kein Geräusch verursachen und sie gewöhnlich unsichtbar machen. Sie zieht sie an, um sich in mein Zimmer zu schleichen und sich unter meinem Schreibtisch zu verstecken.

Natasha	Daddy?
Ronnie	Natasha?
Natasha	schreibst du das jetzt auf?
Ronnie	ja
Natasha	das hab ich gewußt
Ronnie	es ist schwierig, nicht wahr?
Natasha	wenn sie die Nacht über hierbleiben würden, würden sie ihr Haus finden
Ronnie	*(schweigt)*
Natasha	du schreibst das nicht auf, oder?
Ronnie	wahrscheinlich nicht
Natasha	das hab ich mir gedacht *(mißbilligend)*

Sonntag 1. Dezember 1974

Auf meinem Schoß sitzend

Natasha	an eins kannst du dich nicht erinnern
Ronnie	so? An was denn?
Natasha	es gibt viele Dinge, an die du dich nicht erinnern kannst, aber es gibt eins, an das du dich nicht erinnern kannst
Ronnie	ach es gibt jede Menge Dinge, an die ich mich nicht erinnern kann
Natasha	ich weiß. Aber es gibt eins, an das du dich nicht erinnern kannst
Ronnie	was ist das eine, an das ich mich nicht erinnern kann?
Natasha	du hast hier drin mit einem der Gäste gesprochen, die dich immer besuchen
Ronnie	worüber denn?
Natasha	*(lachend)* ich weiß nicht
Ronnie	wenn du nicht weißt, was das eine ist, an das ich mich nicht erinnern kann, wie willst du dann wissen, daß ich mich nicht daran erinnern kann?
Natasha	was hast du gesagt?
Ronnie	wenn du nicht weißt, was das eine ist, an das ich mich nicht erinnern kann, wie willst du dann wissen, daß ich mich nicht daran erinnern kann?
Natasha	ich weiß nicht

Ronnie	du weißt nicht, woher du weißt, daß es eins gibt, an das ich mich nicht erinnern kann?
Natasha	nein
Ronnie	wie kannst du es dann nur sagen?
Natasha	ich weiß jedenfalls eins
Ronnie	und was ist das?
Natasha	die erste Frau liegt und die zweite Frau sitzt, die erste hat den Finger bei der zweiten im Schlitz
Ronnie	ach ja? und sonst weißt du nichts?
Natasha	*(langsam)* Piter Pater Peterling das war ein großer Künstler der macht ein Knoten in sein Ding und steckts sich's in den Hintern
Ronnie	ach, und du weißt nichts anderes als das?
Natasha	ich muß Adam etwas sagen ich komm gleich wieder *(sie läuft davon und kommt kurz danach wieder)* ich hab eins vergessen
Ronnie	ich möchte es nicht hören
Natasha	und fiel auf ihre Titten
Ronnie	ich will nicht darüber reden
Natasha	weißt du noch, wie's geht?
Ronnie	ja
Natasha	weißt du immer noch, wie's geht?
Ronnie	ja
Natasha	dann sag's mir
Ronnie	ich möchte wirklich nicht. Ich hätte sie dir nie beibringen sollen
Natasha	ach komm schon Daddy
Ronnie	der Pfarrer und die Pfarrersfrau die hatten sich gestritten da sprang sie von dem Küchentisch
Natasha	und fiel auf ihre Titten und fiel auf ihre Titten und fiel auf ihre Titten *(Riesengelächter)*
	Sie läuft weg und kommt in wenigen Sekunden zurück
	ich hab ein paar erfunden

Ronnie	tatsächlich? was denn?
Natasha	zwei Tomaten gehen über die Straße
Ronnie	das hast du niemals erfunden das hast du von jemand gehört
Natasha	nein, hab ich nicht. Ich hab es erfunden
Ronnie	ich hab das schon mal gehört
Natasha	bestimmt nicht ich hab das selber erfunden

Und schon läuft sie wieder davon

Dezember 1974

Nach Mitternacht

Natasha kommt in mein Zimmer und schleppt ihre Bettdecke hinter sich her. Es ist dunkel, das einzige Licht kommt von einer Schreibtischlampe. Sie bleibt eine Weile stumm stehen.

Natasha	Wann gehst du ins Bett Daddy?
Daddy	*(gereizt)* ich weiß nicht. Warum?
Natasha	ich geh nicht ins Bett, solange du nicht ins Bett gehst
Daddy	*(mürrisch)* wann du ins Bett gehst, ist deine Sache, solange ich nicht weiß, daß du noch auf bist. Ich will einfach arbeiten und ich will dich heute nacht nicht mehr hören oder sehen, verstanden?
Natasha	ja, aber du mußt mich hinaustragen
Daddy	tut mir leid, Natasha, aber ich hab keine Lust
Natasha	anders bekommst du mich nicht aus dem Zimmer
Daddy	nein
Natasha	und du mußt mich bis zu meinem Bett tragen und mich in meine Decke wickeln
Daddy	*(weich werdend)* also gut, aber das ist das letztemal. Das ist endgültig das letztemal heute
Daddy	*(sie hochhebend)* versprich mir's
Natasha	*(während sie getragen wird)* ich verspreche es
Daddy	*(sie zudeckend)* du hast es schon einmal versprochen
Natasha	ich weiß. Das letztemal war das allerallerletztemal
Daddy	und dies ist das allerallerallerletztemal

Natasha	*(sich unter die Bettdecke kuschelnd)* sprich deine Gebete
Daddy	*(mit einem Kuß)* diesmal ist es mir ernst. Gute Nacht Natasha
Natasha	*(während sich Daddy entfernt – laut rufend)* sprich deine Gebete
Daddy	*(an der Tür – laut flüsternd)* ja das werde ich tun. Und sprich auch du deine Gebete
Natasha	gute Nacht Daddy
Daddy	gute Nacht Natasha

11. Dezember 1974

Natasha öffnet die Tür zu meinem Zimmer und schiebt Charlie herein. Wimmernd lehnt er sich an die Wand und sinkt zu Boden

Ich	was ist denn Charlie?
Charlie	*(nach einer Weile)* ich hab Angst vor dem chinesischen Puzzle
Ich	warum?
Charlie	*(nach einer Weile)* da sind Bösewichter drin
Ich	wie meinst du denn das?
Charlie	da sind Bösewichter drin
Natasha	ich hab's der Katze gegeben
Ich	was! Das chinesische Puzzle!
Natasha	Ja. Ich hab's der Katze gegeben. Es ist alles in Ordnung Charlie

Charlie rannte weg, nun erst recht verstört

Ich	was hat er denn gemeint?
Natasha	wie?
Ich	als er sagte, da seien Bösewichter drin
Natasha	es ist doch ein *chinesisches* Puzzle
Ich	na und?
Natasha	die Chinesen sind Bösewichter
Ich	er hat wirklich geglaubt, in dem chinesischen Puzzle wären richtige Bösewichter drin

Natasha nein das hat er nicht
Ich du hast es ihm gesagt
Natasha nein das hab ich nicht
Ich und jetzt glaubt er, es seien richtige chinesische Bösewichter in der Katze drin!
Natasha nein das glaubt er nicht
Ich wie kommst du überhaupt darauf, daß die Chinesen Bösewichter sind?
Natasha das hab ich im Fernsehen gehört
Ich tatsächlich
Natasha sie sind Bösewichter, weil sie Menschen töten
Ich ein paar Bösewichter gibt es überall
Natasha die Chinesen sind ein paar Bösewichter
Ich ein paar Bösewichter gibt es überall
Natasha nein gibt es nicht

17. Dezember 1974

Abendessen

Eine Dame plappert unaufhörlich

Natasha hören Sie eigentlich, was Sie sagen
Dame Nein *(verdutzt)* Gott sei Dank! *(kichert)*
Natasha *(mit ernster Miene)* wenn Sie bei allem, was in Ihrem Kopf ist, mit den Ohren wackeln, könnte ihr Stuhl in die Luft gehen

Dezember 1974

Im Wagen unterwegs von London nach Devon

Adam und Natasha auf dem Rücksitz hören einfach nicht auf, zu meckern und zu quengeln und sich zu zanken

Jutta wenn ihr nicht endlich friedlich seid, laß ich euch beide hier
Natasha dann tu's doch

Jutta	sei bloß nicht so frech
Natasha	ich laufe weg
Jutta	dann lauf doch weg
Natasha	wie soll ich weglaufen, wenn ich nicht weiß, wo ich bin?

	5. Januar 1975
Natasha	ich hoffe ich bin tot wenn ich sterbe

Montag	**16. Februar 1975**
Natasha	was bin ich?
Daddy	du bist zur Hälfte deutsch
Mami	und zur Hälfte schottisch
Natasha	zur Hälfte deutsch?
Mami	und die andere Hälfte von dir ist schottisch
Natasha	und was bin ich als Ganzes?
Mami	du bist eine komische Mischung *(lachend)*
Natasha	*(schlägt mit einem Blatt Papier auf Jutta ein)* wir sind keine Freunde mehr
Jutta	ach Natasha
Natasha	es ist überhaupt nicht komisch
Jutta	ich lach dich doch nicht *aus*
Natasha	doch, das hast du
Jutta	aber es war doch nicht *so* gemeint
Natasha	wir sind keine Freunde mehr
Jutta	ich lach dich doch nicht *aus*
Natasha	du hast mich ausgelacht, ich mag dich nicht mehr
Ronnie	da ist eins von Mami und eins von Daddy und die beiden werden eins und dieses eine Ganze bist du
Jutta	es ist einfach furchterregend
Ronnie	was denn?
Jutta	all das zu einer Einheit zusammenzupressen

Natasha ging aus dem Zimmer und kam nach einer Weile mit zwei Blatt Papier zurück, aus denen sie jeweils in der Mitte einen Kreis herausgeschnitten hatte

Natasha — hier ist ein Loch für dich *(und dabei gab sie das eine Blatt Jutta)* und hier ist ein Loch für dich *(und dabei gab sie das andere Blatt mir)*

Jutta, Ronnie — oh, danke Natasha

Natasha — *(zu Jutta)* ich hör auf zu streiten

und sie sind wieder Freunde

3. April 1975

Adam steht da und wirkt reichlich verwirrt

Daddy — was ist denn?

Adam — dieses Treppenhaus war überhaupt nicht *hier,* bevor sie es da hinstellten

22. Mai 1975

Natasha — Gott segne Mami und Daddy und
Adam und Natasha und
Gott segne alles. Lebt wohl

Devon **Mai 1975**

Abends

Natasha — was ist das für ein Buch

Ronnie — das ist die Bibel

Natasha — was ist die Bibel?

Ronnie — es ist ein Buch voller Geschichten über Gott und uns

Natasha — sind da Geschichten über Gott drin?

Ronnie — ja

Natasha	es sind Geschichten über Gott?
Ronnie	es sind Geschichten, von denen manche Leute sagen, sie seien über Gott
Natasha	sind sie *wirklich* über Gott?
Ronnie	ich weiß nicht
Natasha	liest du mir eine vor?
	Ich lese ihr die ersten zweiundzwanzig Verse der Schöpfungsgeschichte vor
Natasha	ist das alles über Gott?
Ronnie	ja
Natasha	ist Gott in dieser Seite drin? *(sie blättert und wählt willkürlich einzelne Seiten aus)*
Ronnie	ja
Natasha	und in dieser Seite?
Ronnie	ja
Natasha	und in diese Seite?
Ronnie	ja
Natasha	und in dieser Seite?
Ronnie	ja
Natasha	ich glaube, Gott ist in jeder Seite
Ronnie	er erscheint unter verschiedenen Namen aber er kann eigentlich gar keinen Namen haben wir können ihm in Wirklichkeit keinen Namen geben
Natasha	ich weiß, er ist kein kleines Mädchen *(Pause)* und auch kein Junge *(Pause)* du weißt nicht, ob er ein Junge oder ein Mädchen ist, nicht wahr?
Ronnie	nein
Natasha	niemand kennt Gott, aber er kennt uns, und er kennt sich selber
Ronnie	woher weißt du das?
Natasha	ich weiß nicht, woher ich das weiß
Ronnie	aber du weißt es
Natasha	Ja. Und niemand kann Gott sehen aber er kann uns sehen und er kann sich selber sehen er könnte in diesem Haus sein er könnte vor der Tür stehen

er könnte an die Tür klopfen
aber er müßte sehr laut klopfen
damit wir ihn hören, nicht wahr?

Ronnie — ja

Natasha — Nein wir hören das Gott-Klopfen nicht *(mit einem traurigen Lächeln)*
er müßte an die *Gott*-Tür klopfen!

Ronnie — und was meinst du, wo ist die Gott-Tür?

Natasha — woher soll jemand wie ich wissen, wo die Gott-Tür ist?

Ronnie — glaubst du, es macht Gott etwas aus, daß wir so über ihn reden?

Natasha — nein, das macht ihm nichts aus
(Pause)
vielleicht können wir *durch ihn hindurch* sehen, wie deine Brille *(lachend, ernst, zweifelnd)*
(Pause)
meinst du nicht?

Ronnie — ich weiß nicht *(Pause)*
durch ihn hindurch sehen, ohne ihn zu sehen *(in Gedanken versunken)*

Natasha — er kann sich selber sehen. Wir können ihn nicht sehen. Manche *Götter* können ihn sehen. Er kann uns sehen.
(sie blättert in der Bibel, während sie das sagt)
ich kann heute abend nicht jede Seite anschauen sonst muß ich lange aufbleiben und werde müde, also ich geh jetzt lieber, Daddy

Ronnie — gut Natasha

Wir sind in einem großen schönen Schlafzimmer. Etwas früher am Tag hatte Natasha einen Blumenstrauß heraufgebracht: »Die sind für dich und Jutta.« Nun sitzt sie, nach der vorausgegangenen Unterhaltung, schweigend auf dem Bett und sieht zu, wie ich umgeben von einer Menge Papier, auf dem Boden sitze, lese, was ich geschrieben habe, durchstreiche, zerreiße, zerschneide und wieder zusammenfüge, ordne und wieder umstelle.

Natasha — du hast unheimlich viel geschrieben

Ronnie — ich weiß

Natasha	ich glaube, du hast dein Buch fast fertig*
Ronnie	das höre ich aber gerne. Ich hoffe, du hast recht. Bist du sicher?
Natasha	ja. Du bist fast fertig damit *(Kuß)* ich geh jetzt hinunter
Ronnie	in Ordnung. Danke für die Blumen gute Nacht
Natasha	ich geh noch nicht ins Bett, aber du kannst gute Nacht sagen, wenn du willst
Ronnie	gute Nacht Natasha
Natasha	gute Nacht Ronnie

Sonntag 25. Mai 1975

Natasha	kann ich auf dich draufspringen?
David	ja
Natasha	bist du sicher?
David	ja
Natasha	ich bin jetzt nämlich fünf, nicht mehr vier dreiviertel

Dienstag 15. Juli 1975

Natasha	Tony sagt, sein Vater ist ein Riese. Er ist größer als Joan *(ihre Lehrerin)*
Ich	ist er größer als ich?
Natasha	ich weiß nicht

Seit einiger Zeit mißt sie die Größe von Leuten mit einem Stück Schnur und einem Bandmaß. Sie möchte von mir wissen, wie viele Handspannen ich für ihre Größe brauche. Ich brauche für sie sieben Handspannen.

* Sie hatte recht. Ich war fast fertig mit dem Buch, das ich dann *The Facts of Life* nannte.

Juli 1975

Natasha erklärt Adam:

Harry kann seine Mami nicht heiraten, und Lucy kann ihren Daddy nicht heiraten, und du kannst mich nicht heiraten

Sonntag **27. Juli 1975**

Natasha hat neulich Jutta dazu überredet, ihr einen kleinen Schraubenzieher zu kaufen. Er hat eine hübsche Form und einen blauen Griff

Natasha	gefällt dir mein Schraubenzieher?
Ronnie	ja wirklich, er ist sehr hübsch
Natasha	findest du ihn *sehr* hübsch?
Ronnie	ja. Er ist ganz reizend
Natasha	es ist der *kleinste* Schraubenzieher im Haus. Nicht wahr? Es ist der kleinste Schraubenzieher im Haus?
Ronnie	das ist sehr gut möglich. Ich bin nicht hundertprozentig sicher
Natasha	wenn du etwas zu schrauben hast, kannst du ihn haben. Du kannst ihn haben, sooft du willst
Ronnie	vielen Dank
Natasha	würdest du ihn für mich aufbewahren?
Ronnie	gut. Wir können ihn auf meinen Schreibtisch legen, und dort kannst du ihn immer holen, wenn du möchtest
Natasha	gut

Sie ließ ihn ein paar Tage auf meinem Schreibtisch, wobei sie ihn ein paarmal holte und dann wieder zurückbrachte. Schließlich bewahrte sie ihn selbst auf. Gestern abend nahm sie ihn mit ins Bett.

Natasha	*(während Jutta sie zudeckt)* ich schlafe heute mit meinem kleinen Schraubenzieher. Danke, daß du mir den kleinen Schraubenzieher geschenkt hast. Ich mag ihn. Es ist der kleinste im ganzen Haus

Dienstag	**29. Juli 1975**

Am frühen Abend

Jutta und ich sitzen mit Freunden zusammen und unterhalten uns. Natasha kommt ins Zimmer; sie trägt Boxhandschuhe und hat auch für mich ein Paar.

Natasha	machen wir einen Boxkampf?
Ronnie	nein jetzt nicht. Jetzt unterhalte ich mich gerade. Ich hab gerade keine Lust
Natasha	machen wir später einen Boxkampf, wenn du dich nicht unterhalten mußt, in Ordnung Daddy? Wir machen einen Boxkampf, wenn du dich nicht mehr unterhalten *mußt.* In Ordnung Daddy?
Ronnie	in Ordnung Natasha
Natasha	ich heirate vielleicht Matthew *(nachdenkliche Pause)* Und wenn er mich nicht heiraten will, heirate ich vielleicht Anthony *(wieder eine nachdenkliche Pause)* Und wenn er mich nicht heiraten will, heirate ich vielleicht Andrew *(lange Pause)*
Ronnie	und wenn er dich nicht heiraten würde, wen würdest du dann heiraten?
Natasha	wenn er mich nicht heiraten würde, würde ich vielleicht – Michael heiraten
Ronnie	und wenn er dich nicht heiraten würde?
Jutta	du hast Charlie noch nicht erwähnt
Natasha	Mmmmmmm. Ich heirate wen ich mag

4. August 1975

Natasha möchte, daß ich ihr aus einem Stecken und einem Stück Schnur einen Bogen mache.
Während ich noch damit beschäftigt bin

Natasha	darf ich mit einem Bogen spielen, der länger ist als mein Arm?
Ronnie	warum nicht? der hier ist etwa so lang wie dein Arm, meinst du nicht?

Natasha — schon, aber darf ich?

Ronnie — was denn?

Natasha — mit dem Bogen spielen, wenn er länger ist als mein Arm?

Ronnie — ich denke schon. Es ist nicht verboten, soviel ich weiß. Also ja, du darfst damit spielen

Sie scheint immer noch nicht überzeugt

August 1975

Jutta weigt Max in den Schlaf

Natasha — *(leise und sanft zu sich selbst, aber laut genug, um von Jutta gehört zu werden)*
ich habe eine liebliche Mami ich habe eine freundliche Mami ich habe eine schöne Mami und sie heißt Jutta
(und dann plötzlich, ohne Pause, in einem scharfen gebieterischen Ton)
Hast du mein Bett frisch überzogen?

Jutta — noch nicht. Ich tu's nachher.

Natasha — wirst du Max in *mein* Bett legen?

Jutta — ja

Natasha — *(vorwurfsvoll)* gewöhnlich legst du ihn in *Adams* Bett

Jutta — *(sich rechtfertigend)* nicht immer

Natasha — und du hast gesagt ich könnte ihn ebenso halten wie Adam und du gibst ihn Adam zum Halten und mir nicht und das ist nicht gerecht

Jutta gab Max ohne ein Wort Natasha zum Halten

Natasha — *(Max in ihren Armen wiegend)* du bist schön
ich finde, du bist eine Königin
nicht jeder würde das sagen
ich finde, du bist schön
ich finde, du bist eine Königin
nicht jeder würde das sagen

Ronnie — du findest, er ist was?

Natasha — ich will es dir nicht sagen

Ronnie — eine Königin?

Natasha	ja
	Ich hätte nichts sagen sollen. Sie fing an, »*My Grandfather's Clock*« für ihn zu singen.

	9. August 1975
Jutta	*(Zu Adam und Natasha in einem ruhigen, festen Ton, der keine Widerrede duldete)* Bringt eure Betten in Ordnung, legt die Kissen gerade hin, faltet die Laken
	Sie machten sich an die Arbeit.
Adam	du tust das nur weil du mußt
Natasha	Nein. Ich tu es weil ich will
Adam	du tust es weil du mußt
Natasha	Nein. Ich tu es weil ich will
Adam	Mami hat es uns gesagt deshalb müssen wir
Natasha	ich muß trotzdem nicht wenn ich nicht will
Adam	klar mußt du
Natasha	nein ich muß nicht
Adam	du mußt
Natasha	ich muß nicht ich will

Donnerstag	**14. August 1975**
	Adam ist eben mit zwei Modellflugzeugen hereingekommen, die er gebaut hat. Nachdem Jutta und ich sie bewundert haben
Adam	das hier gefällt mir besser
Ronnie	warum?
Adam	weil *das* da *(das andere)* nur ein Zivilflugzeug ist
Ronnie	und was stört dich daran?
Adam	es hat keine Raketen dabei
Ronnie	es hat eine sehr schöne Form
Adam	die Form gefällt mir ja auch. Aber es hat nur diese Bomben *(deutet auf zwei unter jeder Tragfläche)*, und

	sie dürfen nur abgeworfen werden, wenn es *absolut* erforderlich ist
Jutta	Raketen und Bomben sind nicht gerade schön
Adam	auf jeden Fall gefällt mir das da besser, weil es ein *Kriegs*flugzeug ist

Samstag 16. August 1975

Jutta schenkte vor ein paar Tagen Natasha einen großen (ventillosen) bunten Ball

Die letzten drei Tage kam sie morgens gleich nach dem Aufwachen zu uns *(zu Jutta, mir und Max)* ins Schlafzimmer, hielt uns den Ball hin und beklagte sich, er werde immer kleiner.

Natasha	der Ball ist kleiner
Jutta	aber nein Natasha. Er bleibt immer gleich groß
Natasha	nein. Der Ball wird immer kleiner
Ronnie	du wirst mit jedem Tag größer, deshalb kommt es dir vielleicht so vor, als werde der Ball kleiner
Jutta	sie wächst zur Zeit aber auch unheimlich
Natasha	der Ball wird immer kleiner

August 1975

Natasha	warum hat der Junge die Uhr aus dem Fenster geworfen?
Adam	weil er die Zeit fliegen sehen wollte*

* Eine Patientin von mir aß einmal ihre Lieblingsschallplatte auf. Ich fragte Jutta

	Warum hat das Mädchen die Schallplatte gegessen?
Jutta	weil sie die Musik in ihrem Innern haben wollte

Devon **August 1975**

Es ist ein schwüler Sommertag an einem Wasserfall.
Natasha sitzt nackt auf einem Felsen und singt vor sich hin

Ich gehe weg, ganz weit
es tut mir leid
für eine längere Zeit
(Pause)

Ich gehe weg, ganz weit
für eine längere Zeit
wenn du mich nicht rufst
(längere Pause, aber nicht sehr lang)

Bitte ruf mich nicht
denn ich will weg sein, ganz weit
für eine längere Zeit

Devon **August 1975**

Heißer Sommermorgen

Ich bin ganz in die Lektüre des Agamemnon von Aischylos versunken und stecke mit meinen Gedanken tief im Labyrinth dieser dunklen Legende.

Jemand zupft an meinem Bart.

Daddy?

Natasha muß eine ganze Zeit lang dagestanden haben

Daddy? *(meinen Bart zwirbelnd)* Hast du vergessen wie man lächelt Daddy?
Ah! Du kannst noch lächeln. Wiedersehn Daddy

Dienstag 26. August 1975

Natasha kannst du David hochheben?
Ronnie ja
Natasha und kann David dich hochheben?
Ronnie ja
Natasha du kannst David hochheben, und David kann dich hochheben?
Ronnie ja
Natasha und was ist mit Arthur?
Ronnie David kann Arthur hochheben, und Arthur kann David hochheben
Natasha und was ist mit dir?
Ronnie Arthur kann mich hochheben, und ich kann Arthur hochheben
Natasha ach

Mittwoch 27. August 1975

Natasha *(betrachtet Max)*
jetzt bin ich nicht mehr die kleinste

August 1975

Natasha ist von einer würfelförmigen Schachtel ganz fasziniert. Immer wieder dreht sie sie herum und betrachtet sie neugierig aus allen Blickwinkeln.

Nun hat sie zwei Seiten des Würfels herausgeschnitten und geht damit von einem zum andern. Sie zappelt regelrecht vor Erregung.

Sieh mal Daddy. Wenn du da *durch*blickst,
kannst du den Boden nicht sehen

Devon	**August 1975**
Natasha	ich habe einen wackligen Zahn gefunden
Daddy	laß mal fühlen. Tatsächlich
Natasha	ja das ist der böse Zahn. Ich werde niemand davon erzählen
Daddy	warum nicht?
Natasha	ich habe hier allen davon erzählt. Aber in London werde ich niemand etwas davon erzählen
Daddy	niemand?
Natasha	nein. Weil es ein Geheimnis ist, und wenn ich allen davon erzählen würde, dann wäre es ja kein Geheimnis mehr, oder?
Daddy	nein, da hast du wohl recht

Montag	**1. September 1975**
	Beim Frühstück
Adam	wenn ich zehn bin dann bist du acht und wenn ich dreizehn bin dann bist du elf weil ich zwei Jahre älter bin als du
Natasha	ich kann nicht älter werden als du aber ich kann größer werden als du
Adam	du kannst größer werden als ich aber ich bezweifle es
Natasha	du bezweifelst es
Adam	Ja. ich bezweifle es

Montag	**1. September 1975**
	Morgens
Jutta	würdest zu zum Haus rübergehen und bitte eine Flasche Milch und Butter mitbringen, Adam
	Adam läßt sich nicht von seiner augenblicklichen Beschäftigung ablenken
Jutta	Adam! wie oft muß ich dich eigentlich bitten, etwas zu tun

Adam	was?
Jutta	würdest du bitte zum Haus rübergehen und eine Flasche Milch und Butter holen
Adam	Nein
Jutta	Ronnie!
Ronnie	was?
Jutta	ich habe Adam zweimal gebeten, etwas zu tun, aber er tut's einfach nicht
Ronnie	was soll er denn tun?
Jutta	Milch und Butter vom Haus drüben holen
Ronnie	hast du nicht gehört, worum Mami dich gebeten hat?
Adam	doch aber ich muß es nicht tun
Ronnie	sie hat dich höflich *gebeten,* ich *fordere dich auf*
Adam	das heißt, ich kann mich nicht weigern
Daddy	du kannst dich schon weigern, aber dann werde ich sehr unangenehm
Adam	auf welche Weise?
Daddy	auf eine *ganz bestimmte* Weise
Adam	auf *welche* Weise?
Daddy	tu's jetzt lieber
Adam	sag doch, auf *welche* Weise?
Daddy	du bekommst dann heute keinen Zwieback
	Er fing an zu überlegen. Meine Augen wurden kleiner. Mein Ton änderte sich
	setz dich jetzt lieber in Bewegung, sonst kannst du gleich was erleben
Adam	das heißt also, ich muß
Daddy	Ja
	Er ging

Samstag 6. September 1975

In einem Eisenbahnabteil

Natasha	ich hab saubere Hände, kann ich Max anfassen?
Ronnie	nein
Natasha	ha ha ha. Ja

Ronnie	nein
Natasha	Ronnie hat nein gesagt, also ja
	ja ist nein
	ha ha ha
	nein heißt ja
	und ja heißt nein
	Ronnie hat ja gesagt
Ronnie	*Nein* Natasha
Natasha	O. K. Daddy

September 1975

Beim Ballspielen mit Natasha

Daddy	noch drei Würfe
Natasha	noch sechs

nach dreien

Natasha	noch drei
Daddy	na gut

nach diesen dreien

Natasha	noch einer
Daddy	das ist aber dann der letzte

nach dem letzten

Natasha	noch einer
Daddy	das ist aber dann der allerletzte

nach dem allerletzten

Natasha	noch einer
Daddy	das ist aber dann der aller-allerletzte

nach dem aller-allerletzten

Natasha	ich geh jetzt

und sie lief los, ohne sich auch nur einmal umzublicken
Kein aller-aller-allerletzter

Abends

Plötzlich war ich müde. Ich mußte mich ausstrecken. Gerade als ich mich hinlegte

Natasha	bindest du meinen Luftballon los?
Daddy	tut mir leid Natasha ich bin müde
Natasha	aber ich möchte, daß du meinen Luftballon losbindest
Daddy	später, vielleicht in zehn Minuten, aber nicht jetzt
Natasha	aber Daddy, ich möchte doch, daß du's jetzt tust
Daddy	tut mir leid, aber jetzt nicht jetzt nicht. Ich muß ein paar Minuten die Augen zumachen und *nichts* bewegen *(Schweigen)*
Natasha	meinst du, ein Luftballon reicht?
Daddy	es kommt drauf an, wofür
Natasha	wenn ich Geburtstag habe, würdest du mir dann einen Luftballon kaufen?

Adam hatte gestern Geburtstag. Auf seiner Geburtstagsparty hatte es Dutzende von Luftballons gegeben

Daddy	Ich würde dir eine ganze *Packung* Luftballons besorgen. So viele wie Adam. Oder mehr, wenn du willst
Natasha	und wie viele würdest du mir geben, wenn ich nicht Geburtstag hätte?
Daddy	ich würde dir jederzeit eine Packung Luftballons besorgen, wenn du das wirklich wolltest
Natasha	aber meinst du, einer reicht?

Ich verstand sie nicht recht. Ich sagte nichts

Natasha	ich glaube, einer reicht aus

Dann brachte sie den einen, den sie in der Hand hielt, zum Platzen. Versehentlich. Ich fuhr zusammen.

oh Verzeihung Daddy
oh ich hab meinen Luftballon platzen lassen! Verzeihung Daddy *(und sie lief zu ihrer Mami)*
Mami ich hab meinen Luftballon platzen lassen,
Mami ich hab meinen Luftballon platzen lassen

Samstag	**13. September 1975**
Natasha	kann jeder auf der ganzen Welt lächeln?

Donnerstag	**18. September 1975**
Adam	vielleicht mach ich einfach eine meiner Erfindungen
Ronnie	was für Erfindungen?
Adam	ich habe viele Erfindungen gemacht
Ronnie	wie viele?
Adam	viele
Natasha	vier
Ronnie	und was für welche?
Adam	meine erste Erfindung war eine Raumkapsel mit vielen Fähigkeiten
Ronnie	ah ja
Adam	und meine zweite Erfindung war ein Darikrex
Ronnie	ein was?
Adam	ein Da-ikrex*
Ronnie	ich habe noch nie etwas von einem Darikrex gehört
Adam	ich habe den Namen erfunden
Ronnie	und was ist es
Adam	es ist eine Maschine, die aus drei Röhren schießt
Ronnie	und was schießt sie aus den Röhren?
Adam	Bananen, Erbsen und Tomaten
Ronnie	tatsächlich!?
Adam	und meine dritte Erfindung war ein Fahrzeug zum Zerstampfen von Schnee, mit einem eigens konstruierten Fahrerhaus
Jutta	ist es darin kalt?
Adam	es wird zentral beheizt werden, damit man auf elektrischen Strom verzichten kann

* Am darauffolgenden Tag (dem 19. September) stand in der I. H. T. ein Bericht über die Arbeit der Doktoren Herbert und Irving Dardik auf dem Gebiet der Nabelschnur-Transplantation

Dienstag **7. Oktober 1975**

Morgens

Natasha	Daddy
Daddy	ja Natasha
Natasha	ich kann meine Schuhe immer noch nicht zuknoten
Daddy	bald wirst du's können
Natasha	ich weiß. Aber Daddy. Ich hab meinen Schuh *vor* Adam angezogen

---

Abends

Natasha	*(fährt mit dem Arm durch die Luft)* fährt ein Auto noch schneller als so
Daddy	ja. Ich glaube schon. Ich bin mir aber nicht sicher
Natasha	wie schnell ist mein Arm?
Daddy	ich bin nicht sicher

Mittwoch **4. November 1975**

Als wir nach dem Essen noch mit Freunden um den Tisch saßen, kam Natasha mit einer Flasche herein

Natasha	sieh mal
Ronnie	Oh
Natasha	gefällt dir meine Flasche
Ronnie	sie ist ganz gut
Natasha	ich sammle Flaschen
Ronnie	ach, warum?
Natasha	damit ich *mehr* habe als Adam
Ronnie	wie interessant. Und wovon hast du sonst noch »Mehr als Adam«?
Natasha	wenn ich gebadet habe. Dann gieße ich *mehr* Wasser auf meine Haare
Ronnie	tatsächlich, das habe ich nicht gewußt

Natasha — und ich werde alle meine Flaschen mit Wasser füllen
Ronnie — dann *hast du mehr* Wasser als Adam
Natasha — ja *(triumphierend)*

Mittwoch — 12. November 1975

Am späten Nachmittag

Auf meinem Nachhauseweg begegnete ich Natasha und Matthew. Natasha sagte »Hallo Daddy«. Wir küßten uns. Als ich weiterging, hörte ich sie zu Matthew sagen: »Das ist mein Daddy.«

Als ich etwa eine halbe Stunde später in der Wanne saß, kam Natasha ins Badezimmer, Sie blieb stehen und sah mich an. Sah mich unentwegt an.

Daddy — Nun?
Natasha — bist du der gleiche Daddy den ich auf der Straße geküßt habe?
Ronnie — *(gereizt)* ja *(Pause)* JA! Warum?
Natasha — bist du der gleiche Daddy?
Ronnie — JA! warum? Denkst du, ich könnte ein anderer sein?
Natasha — deine Haare sind kürzer
Ronnie — ja sie sind kürzer
Natasha — sie sind *geschrumpft (unsicher)*
Ronnie — nein sie sind nicht geschrumpft
(Pause)
ich habe sie kürzer *schneiden lassen (sie glaubt mir nicht. Ich empfinde plötzlich eine Art Panik)* ja! Es ist wahr. Ein Mann war bei mir *(es war überhaupt das erstemal),* der Haare schneidet.
Er hat mir eben erst die Haare geschnitten, bevor du heimkamst
Natasha — Nein *jetzt* weiß ich's. Sie sehen kürzer *aus* weil du *Shampoo drauf* hast.
(Ich bin erleichtert. Zumindest hat sie die Theorie aufgegeben, daß ich ein anderer Daddy bin)
Ronnie — ja. Aber sie sind *wirklich* kürzer

Natasha	Nein. Ich versteh schon. Sie sehen kürzer *aus,* und du siehst anders aus
	Und sie ging aus dem Badezimmer

Mittwoch	**12. November 1975**
Adam	was sagt eine Kerze zur anderen Kerze?
Daddy	ich weiß nicht
Adam	ich geh heute abend aus

Dienstag	**18. November 1975**
	Abends
Jutta	*(im Scherz)* ich gehe fort
Adam	*(lachend)* das kannst du nicht tun weil ich dich liebe und wenn du fortgehst bring ich dich um

	November 1975
	Später an demselben Abend
Natasha	ich wollte ich könnte dich heiraten Daddy
Daddy	ach Natasha. Das können wir nicht
Natasha	ich weiß weil du mit Mami verheiratet bist
Daddy	auch wenn ich das nicht wäre, könnten wir beide nicht heiraten
	weil du meine Tochter bist und ich dein Daddy bin, und Töchter und Daddys dürfen nicht heiraten
Natasha	wir gehören zur gleichen Familie
Daddy	ja
Natasha	aber Mami gehört doch auch zur gleichen Familie, wie kannst du dann mit ihr verheiratet sein?
Daddy	als Mami und ich uns kennenlernten, war sie nicht deine Mami, und wir gehörten nicht zur gleichen Familie, und sie ist nicht meine Tochter, deshalb war es in Ordnung, zu heiraten und Kinder zu haben

Adam — weil du deinen Penis in Mamis Vagina gesteckt hast
Daddy — und eine Familie zu werden und zu heiraten
Jutta — und jetzt geht ihr schlafen
Daddy — ja es ist höchste Zeit für euch
Natasha — aber ich bin nicht müde
Daddy — das hab ich auch nicht behauptet. Trotzdem. Gib mir noch einen Kuß. *(Kuß)*
und ihr geht gleich nach hinten in euer Zimmer und seid ruhig
Adam — *(küßt Jutta)* Natasha würde gern Daddy heiraten, und ich würde gern dich heiraten.

20. November 1975

Ich sitze da und lese Lovejoys *The Great Chain of Being.* Natasha hat Max auf dem Arm und wirbelt herum. Jutta ruft zum Essen.

Natasha brüllt: »Auf in den Kampf!« und galoppiert los, bleibt aber nach drei, vier Schritten stehen

Verzeihung Max. Ich hab nicht gewußt, daß ich dich im Arm habe. Auf in den Kampf!

Und galoppiert wieder los, hält aber Max nun, wie sie neuerdings sagt, »wissend« oder »dran denkend«.

Dienstag 25. November 1975

Beim Essen

Natasha — *(zu Jutta und mir)* seid ihr beide zusammen auf die Welt gekommen?
Ronnie — meinst du, ob wir aus derselben Mami gekommen sind, und zur selben Zeit?
Natasha — ja
Ronnie — nein wir wurden zu verschiedenen Zeiten und an verschiedenen Orten geboren, und wir sind aus zwei verschiedenen Mamis gekommen, die jetzt deine zwei Omas sind

	Kriegsfilm im Fernsehen
Adam	schalten wir um
Jutta	nein, ich möchte das sehen
Adam	du Mörderfreundin!

Montag	**1. Dezember 1975**
Adam	was ist schwarz und weiß und rot?
Natasha	ich weiß nicht
Adam	eine Gewitterwolke
Natasha	die ist doch nicht rot
Adam	klar ist die schwarz und weiß und (d)roht
	Aber Natasha »kapierte« das nicht ganz.

	2. Dezember 1975
Adam	komm wir machen einen Handstand
Natasha	au ja, daran hab ich vor fünfundzwanzig Jahren schon gedacht

	8. Dezember 1975
Natasha	bist du älter als Margaret
Jutta	ja Margaret ist glaube ich zwei Wochen jünger als ich
Natasha	wie alt bist du?
Jutta	ich bin sechsunddreißig
Natasha	bist du älter als Adam?
Jutta	aber natürlich, Natasha
Natasha	ich bin jetzt nicht mehr die jüngste in diesem Haus. Auch wenn Max älter wird, wird er nie älter sein als ich. Ich werde immer älter sein als er, stimmt's Mami?
Jutta	ja Natasha
Natasha	ist Daddy älter als Arthur?
Jutta	ja Natasha

Dezember 1975

Weihnachten

Adam	*(überschwenglich nach zwei Glas Wein)* Kommt in den Himmel!
Natasha	sei nicht albern, der Himmel ist tot!

Januar 1976

Ich bin in der Badewanne. Natasha steht daneben

Natasha	*(zeigt auf mein rechtes Knie)* was ist das?
Ronnie	das ist ein Muttermal
Natasha	wozu hast du das?
Ronnie	es ist einfach da. Mein Vater hatte auch eins auf *seinem* rechten Knie
Natasha	wozu wolltest du es haben?
Ronnie	ich wollte es nicht haben. Ich hab es einfach bekommen

Sie sagt nichts. Sie ist noch nicht überzeugt

du hast braune Augen. Du hast sie einfach bekommen

Natasha	aber ich *wollte* braune Augen haben
Ronnie	und deshalb hast du sie bekommen?
Natasha	ja
Ronnie	aha

Ich dachte einen Augenblick über diese Auskunft nach

Nun, hast du irgend etwas an dir, was du nicht haben wolltest?

Natasha	nein
Ronnie	du wolltest ein kleines Mädchen sein und nicht ein kleiner Junge?
Natasha	*(entrüstet)* ja
Ronnie	überhaupt nichts, was du nicht haben wolltest?

Natasha rollt die Augen ganz nach oben, so daß ich

nur das Weiße sehen kann, während sie alle Möglichkeiten durchgeht. Nach einer langen Pause

Natasha — ich wollte nicht so zappelig sein

Februar 1976

Ich bin im Begriff, zu einem China-Restaurant zu gehen und der Familie etwas zum Essen zu holen

Natasha — nimmst du mich huckepack auf deinen Schultern mit?
Ronnie — ja. Aber es ist ein kalter Winterabend draußen
Natasha — ich weiß. Gibt es Gespenster draußen?
Ronnie — das könnte schon sein
Natasha — es könnte Gespenster geben da draußen?
Ronnie — bist du schon mal einem Gespenst begegnet?
Natasha — nein
Ronnie — woher willst du das wissen?
Natasha — ich weiß es
Ronnie — aber wenn du noch nie einem Gespenst begegnet bist, woher willst du dann wissen, wie ein Gespenst aussieht?
Natasha — ich weiß es eben
Ronnie — wie sieht ein Gespenst aus?
Natasha — es ist weiß und er erschreckt Leute. Das Weiß kommt von unten herauf, unter dem Gespenst
Ronnie — ach ja?
Natasha — wenn es von oben kommt und bis zu seinen Füßen geht, dann ist es kein Gespenst
Ronnie — woher weißt du denn das?
Natasha — das hab ich im Fernsehen gesehen
Ronnie — ach komm! das meiste, was du im Fernsehen siehst, haben sich irgendwelche Leute ausgedacht – es ist nicht unbedingt *wahr*
Natasha — ich weiß aber, wenn es von oben bis hinunter zu den Knöcheln weiß bedeckt ist, ist es kein richtiges Gespenst
Ronnie — das ist richtig. Du weißt aber nicht, woher du das weißt, oder?

Natasha	nein
Ronnie	aber du weißt es?
Natasha	ja
Ronnie	du weißt eine ganze Menge Dinge, die ich nicht weiß
Natasha	ich weiß
Ronnie	und es gibt eine ganze Menge was du weißt ohne zu wissen, daß du's weißt
Natasha	ich weiß
Ronnie	ich glaube nicht daß ich mehr weiß als du

Später, auf dem Rückweg vom Restaurant

Natasha	der Himmel ist rot
Ronnie	ich wollte, diese Straßenlaternen wären nicht da, dann könnten wir wirklich den Himmel sehen
Natasha	ich wollte, der Himmel wäre hier unten
Ronnie	und dann? dann könnten wir auf ihm fliegen
Natasha	ich würde mich darauf legen

Samstag 14. Februar 1976

Natasha und Adam haben sich gestritten

Natasha	ich wollte er wäre tot
Jutta	ach Natasha
Natasha	ich wollte sein Samen wäre zerquetscht worden und es hätte ihn nie gegeben
Jutta	aber Natasha! Adam ist dein Bruder und er würde dir fehlen
Natasha	ich *möchte* daß er mir fehlt

Sonntag 14. März 1976

Heute morgen war Natasha wütend auf Jutta und mich, nachdem wir sie angeschrien hatten, weil sie geschrien hatte

Natasha	*(zu Jutta)* warum mußt du nur so lügen?
Jutta	ich lüge nicht
Natasha	jeden Tag erzählst du eine Lüge
Jutta	nein das stimmt nicht
Natasha	du erzählst Millionen von Lügen
Ronnie	was für Lügen?
Natasha	dir erzähl ich gar nichts

	Ich hatte Adam und Natasha versprochen, ich würde ihnen Bonbons geben, wenn.
Natasha	Daddy wann bekommen wir die Bonbons?
Daddy	sobald Mami zurückkommt
Natasha	bringt sie sie mit?
Daddy	nein. Wenn Mami zurückkommt, gebe ich dir und Adam Geld, damit ihr euch Bonbons kaufen könnt
Natasha	du legst uns rein!
Daddy	warum?
Natasha	du hast gesagt, du *gibst* uns die Bonbons
Daddy	O. K. wenn Mami zurückkommt, gehe ich fort und kaufe Bonbons und bringe sie zurück und gebe sie dir und Adam – ist das dann in Ordnung?
Natasha	ja
Daddy	wenn ihr auf Max achtgebt, bis Mami zurück ist, O. K.?
Natasha	ja
	Beide Seiten hielten sich an die Abmachungen

Dienstag April 1976

	Gestern abend
Natasha	bleibst du hier oben?
Daddy	nein, in etwa zwei Minuten geh ich wahrscheinlich wieder runter
Natasha	ich hab mir schon gedacht, daß du das sagst
Daddy	du könntest hier oben bleiben

Natasha	nein ich bleibe bei dir. Wo du hingehst, da geh ich auch hin wenn du runtergehst, geh ich auch runter wenn du raufgehst, geh ich auch rauf
Daddy	du könntest oben bleiben, wenn ich runtergehe
Natasha	dann hab ich so ein unheimliches Gefühl
Daddy	wie meinst du das, unheimlich?
Natasha	so ein unheimliches Gefühl, als sei da oben ein Gespenst
Daddy	was für ein Gespenst denn?
Natasha	ein *wirkliches* Gespenst

Devon **9. April 1976**

Abends

Natasha	wann fahren wir nach Hause?
Daddy	übermorgen
Natasha	wann ist das?
Daddy	heute nacht und
Natasha	zwei Schlafe
Daddy	heute nacht und ein Schlaf
Natasha	zusammen aber zwei Schlafe
Daddy	du schläfst heute nacht das ist ein Schlaf und dann ist morgen. Morgen abend hast du wieder einen Schlaf und wenn du von *dem* Schlaf aufwachst ist *über*morgen und das ist der Tag an dem wir nach Hause fahren
Natasha	ich habe einen Schlaf heute nacht für morgen und dann noch einen Schlaf für den Tag an dem wir nach Hause fahren. Das sind zwei Schlafe
Daddy	richtig weißt du wie morgen heißt?
Natasha	nein
Daddy	möchtest du daß ich es dir sage?
Natasha	ja
Daddy	der Tag morgen heißt Samstag
Natasha	oh, Samstag
Daddy	Ja. Und weißt du wie übermorgen heißt?

Natasha	Nein. Wie?
Daddy	Sonntag
Natasha	Sonntag

April 1976

Natasha	warum ist die Tinte ausgelaufen?
Daddy	ich weiß nicht
Natasha	weil es eine abstoßende Feder war
Daddy	eine was?
Natasha	eine *abstoßende* Feder
Daddy	ich hab noch nie von einer *abstoßenden* Feder gehört
Natasha	das ist mir klar
	Später
Natasha	hast du das aufgeschrieben?
Daddy	nein
Natasha	wirst du's aufschreiben?
Daddy	nun ich weiß nicht recht
Natasha	es war eine abstoßende Feder
Daddy	aber es hört sich nicht ganz so an wie die anderen
Adam	ich weiß eins: wie kann man am schnellsten sein Geld verdoppeln?
Daddy	man faltet es zusammen
Adam	warum fliegen die Vögel in den Süden?
Natasha	weil es zum Gehen zu weit ist
Adam	warum wedelt der Hund mit dem Schwanz?
Natasha	weil der Schwanz nicht mit dem Hund wedeln kann. Es war eine abstoßende Feder!

Daddy	und weißt du wie der Tag heißt der nach dem Sonntag kommt?
Natasha	Samstag
Daddy	Nein. Der Samstag kommt *vor* dem Sonntag. Der Tag der *nach* dem Sonntag kommt heißt Montag
Natasha	Montag

Daddy	und der Tag danach?
Natasha	Dienstag
Daddy	und danach?
Natasha	Mittwoch
Daddy	und danach?
Natasha	*(überlegt)*
Daddy	Donnerstag, und danach?
Natasha	Freitag
Daddy	und danach?
Natasha	Samstag
Daddy	und was für ein Tag ist heute?
Natasha	Montag
Daddy	nein, es kommt vor Samstag weil morgen Samstag ist
Natasha	Freitag. Heute ist Freitag

Später

Natasha	jetzt kommt bald mein Geburtstag
Jutta	das stimmt, nur noch vierzehn Tage
Ronnie	an welchem Datum?
Jutta	am vierundzwanzigsten
Natasha	ich kann meinen Geburtstag nicht mehr erwarten
Ronnie	warum hast du's so eilig
Natasha	ich kann es nicht erwarten, alle meine Geschenke zu bekommen ich bekomme mehr Geschenke als Adam, nicht wahr?
Ronnie	nicht unbedingt. Adam bekommt an seinem Geburtstag Geschenke und du an deinem. Ich weiß nicht, wer mehr bekommt
Natasha	aber ich bekomme an meinem Geburtstag mehr Geschenke als Adam
Ronnie	oh ja, da brauchst du dir keine Sorgen zu machen. An Adams Geburtstag bekommt er all die Geschenke, und du bekommst nichts. An deinem Geburtstag bekommst du all die Geschenke, und Adam bekommt nichts
Natasha	aber Omile *(Juttas Mutter)* schickt ihm vielleicht ein Geschenk
Jutta	das stimmt. Sie schickt meistens jedem etwas
Ronnie	nun du bekommst trotzdem an deinem Geburtstag *mehr* als Adam

Natasha wünscht sich zu ihren Geburtstag ein *Spielzeug*-Walkie-Talkie und eine *richtige* Rechenmaschine

Samstag	**10. April 1976**
Natasha	du bist älter als Jutta und größer als Jutta
Ich	mhm
Natasha	Jutta kann nie älter werden als du *(beruhigend)* aber sie könnte größer werden als du
Ich	nein sie kann nicht größer werden als ich
Natasha	vielleicht doch *(Pause)* warum nicht?
Ich	weil wir beide aufgehört haben zu wachsen
Natasha	ihr habt beide aufgehört zu wachsen?
Ich	ja
Natasha	ich hab nicht aufgehört zu wachsen. Ich hab noch viel Wachsen vor mir
Ich	ich weiß
	(Pause)
Natasha	Daddy? Wie alt bist du?
Ich	achtundvierzig
	(Pause)
Natasha	wann höre ich auf zu wachsen?
Ich	ich weiß nicht vielleicht so um die achtzehn
Natasha	ist Jutta jetzt achtzehn?
Ich	nein, Jutta ist zweimal so alt. Sie ist sechsunddreißig
Natasha	achtzehn und achtundvierzig hören sich gleich an
Ich	sie hören sich nicht *ganz* gleich an wenn man achtundvierzig ist
	(Pause)
Natasha	da ist ein Mann, der hat gesagt, Adam und ich sind jünger als wir sind
Ich	Ach tatsächlich. Wie könntet ihr jünger sein als ihr seid?
Natasha	ich weiß nicht aber das hat er gesagt
Ich	hast du ihn gefragt was er meint?
Natasha	nein
Ich	wie hat er ausgesehen?
Natasha	seine Finger knackten wenn er sie schnell bewegte, etwa so

(und sie demonstriert das plötzlich auf eine ganz überzeugend alarmierende Weise)
aber nicht, wenn er sie langsam bewegte

Ich — und was hat er wohl deiner Ansicht nach gemeint?

Natasha — ich nehme an, er hat gemeint, was er gesagt hat

Ich — dir liegt nichts daran, das, was er gemeint hat, mit anderen Worten auszudrücken?

Natasha — Nein. Mir liegt nichts daran, das mit irgendwelchen anderen Worten auszudrücken

1. Mai 1976

Natasha — wann hast du Geburtstag?

Daddy — im Oktober

Natasha — wie lange ist das noch?

Daddy — etwa ein halbes Jahr

Natasha — und bis zu meinem Geburtstag?

Daddy — da ist es fast noch ein Jahr

Natasha — dein Geburtstag ist also vor meinem?

Daddy — ja

Natasha — wird er immer vor meinem sein?

Daddy — nein wenn ich meinen Geburtstag gehabt habe, dann kommt dein Geburtstag vor meinem

---

Frühstück

Daddy — Natasha du brauchst nicht so viel von dem Müsli

Natasha — doch

Daddy — du nimmst nur eine solche Menge
weil Adam so viel genommen hat

Natasha — ich nehme *mehr* als Adam

Daddy — aber du ißt das nicht alles auf, stimmt's? Du solltest nur soviel nehmen, wie du auch aufißt

Natasha — ich werde *mehr essen* als Adam

Daddy — aber die Frage ist doch, was *du* essen willst
es geht nicht darum, wieviel *Adam* ißt

Natasha — oh doch

Montag	**3. Mai 1976**
	Beim Abendessen
Daddy	Adam. Ich habe gehört wie du zu Natasha
Adam	ja ich weiß ich weiß
Daddy	wie du zu Natasha gesagt hast
Adam	wann?
Daddy	beim Frühstück am Samstag
Adam	ach ich weiß ich weiß es war nur ein Witz
Daddy	du hast gesagt
Adam	das hab ich nicht
Daddy	du hast gesagt, wenn sie bei Gott schwört und dann ihr Wort bricht, wird Gott sie hassen
Adam	nein, das hab ich nicht. Ich habe gesagt, wenn sie Gott etwas verspricht und es dann nicht einhält, ist es eine Sünde
Daddy	ich habe gehört wie du
Adam	das war nur ein Witz. Ich hab das nie gesagt
Jutta	er ist ein richtiger Schwindler. Er will sich aus allem herausschwindeln
Adam	ich hab nur einen Witz gemacht
Daddy	über so etwas einen Witz zu machen, ist eine Sünde
Adam	ich hab so was nie gesagt
Daddy	du wirst es jedenfalls nicht wieder tun

	Mai 1976
Natasha	Daddy, würdest du bitte meinen Knopf aufmachen, wenn ich ihn aufmache, ist er hinterher immer ganz kaputt

Mittwoch	**12. Mai 1976**
	Gestern abend
Adam	kann ich drei Pfund für die Schule haben?
Daddy	wofür denn?

Adam	ich baue ein Radio mit Frank, und wir brauchen einige Teile
Daddy	aha
Adam	ja. Frank hat dafür mit seinem Geld bezahlt
Daddy	Na ja, das mag wohl sein – wer ist überhaupt Frank?
Adam	Frank weiß über alles mögliche Bescheid – über Naturwissenschaft, Vögel; er kennt die Namen aller Vögel, und Sterne und Astronomie. Es würde dir wirklich gefallen, mit Frank zu reden; und er weiß alles über Bäume und . . .
Daddy	na gut, aber *was* ist Frank?
Adam	Frank ist der Direktor der Oberschule
Daddy	ach tatsächlich! Frank. Der Direktor. Frank. Wie ist er denn?
Adam	er wird manchmal wütend
Daddy	ach ja? und was passiert dann?
Adam	er fängt an zu schreien. Er schreit
Daddy	was denn?
Adam	er schreit »Schluß damit«!
Daddy	Schluß womit?
Adam	Na ja, er mag es nicht, wenn wir dauernd Krach machen – alles durcheinanderbringen – alles kaputtmachen. Es würde dir gefallen, mit ihm über Naturwissenschaft zu reden, über die Sterne und über die Milchstraßen und Spiralnebel und über Bäume und Vögel.

Donnerstag 13. Mai 1976

Natasha	Daddy?
Daddy	ja Natasha
Natasha	sagen die Leute im Fernsehen die Wahrheit?
Daddy	manchmal schon, manchmal aber auch nicht
Natasha	wann sagen sie die Wahrheit?
Daddy	das kann man nie mit Sicherheit sagen
Natasha	sagen sie die Wahrheit wenn *Die Nachrichten* kommen?
Daddy	manchmal schon, manchmal aber auch nicht

Natasha	manchmal erzählen sie Lügen
	und manchmal sagen sie nur die Wahrheit?
Daddy	stimmt

Samstag	**15. Mai 1976**
Natasha	Daddy?
Daddy	hm?
Natasha	wann hast du Geburtstag?
Daddy	ich hab im Oktober Geburtstag
Natasha	ist das morgen?
Daddy	Oh nein, bis zum Oktober vergehen noch viele morgen *(Pause)* warum meinst du, das sei morgen?
Natasha	weil du schon so lange wartest
Daddy	aber du wartest doch genauso lang
Natasha	nein
Daddy	jeder wartet bis zu seinem nächsten Geburtstag gleich viel Schlafe oder Tage *(Pause)*
	meinst du, manche Leute warten länger als andere?
Natasha	ja

	Mai 1976
	Max weint. Jutta ist nicht da. Ich will arbeiten
Daddy	Natasha! Würdest du Max für eine halbe Stunde nehmen
	Ich bekomme keine Antwort
Daddy	Natasha!
	Keine Antwort
Daddy	Natasha, wenn du Max für eine halbe Stunde nimmst, gebe ich dir fünf Pence
Natasha	in Ordnung
	Sie nimmt Max. Zehn Minuten danach

Natasha	wie viele Minuten sind jetzt vorbei?
Daddy	zehn Minuten
Natasha	aber zehn Minuten ist mehr als eine halbe Stunde
Daddy	nein, das stimmt nicht
	Sie schwingt Max auf und ab, auf und ab, und mit jeder Abwärtsbewegung
Natasha	und ganz runter zu Gott
Daddy	was hast du da gesagt?
Natasha	nichts
Daddy	*runter* bis zu Gott?
Natasha	ja *(lachend)*
Daddy	wie meinst du denn das?
Natasha	ich hab mit Max geredet
Daddy	dann sag's noch mal, damit ich weiß, was du meinst
Natasha	ich will es nicht noch mal sagen, weil, ich hab's nämlich schon vergessen

Sonntag 16. Mai 1976

Natasha	Mami. Weiß Gott alles?
Mami	ich weiß nicht
Natasha	gehen Feen hinauf zu Gott?
Mami	ich weiß nicht
Natasha	Adam sagt, ja *(Pause)* aber sie können wieder herunterkommen und ihre Mamis besuchen, und sie können in die Kirche gehen und zu Gott singen; und dann gehen sie in ihre Häuser unter dem Boden

Donnerstag 20. Mai 1976

	Abendessen
	Mieze springt auf den Tisch und schnuppert am Käse
Daddy	Mieze!

Mami	ja Mieze! nehmt sie runter. Sie hat vielleicht irgendwas
Natasha	was?
Mami	irgendwelche Bakterien die für uns schädlich sind
Natasha	jetzt hast du mich unhungrig gemacht
Daddy	wie denn?
Natasha	die Suppe hat ihren Geschmack verändert
Daddy	die Suppe ist gleich geblieben, auch wenn sie dir jetzt anders schmeckt
Natasha	nein, die Suppe hat sich verändert
Daddy	Mamis Suppe hat sich nicht verändert
Natasha	doch
Daddy	meine ist gleich geblieben
Natasha	aber meine ist anders. Ich will sie jetzt nicht mehr
Daddy	die Suppe ist gleich geblieben. Mamis Bemerkung über die Katze hat bei dir etwas verändert, aber nicht bei der Suppe
Natasha	wie kommt es dann, daß die *Suppe* anders schmeckt?

Juni 1976

Natasha	wenn jeder seinen Geburtstag immer am gleichen Tag hat, wie wird dann irgendeiner älter als irgendein anderer?
Daddy	keiner wird je älter als irgendein anderer
Natasha	Ach!
Daddy	und keiner wird je jünger als irgendein anderer
Natasha	Ach!
	(Pause)
Daddy	keiner wird älter als irgendein anderer eben *weil* jeder seinen Geburtstag immer am gleichen Tag hat
Natasha	Ach

Sie hat es immer noch nicht begriffen

7. Juni 1976

Adam betätigt zum Spaß unsere neue Haustürglocke, eine Art Glokkenspiel.
Ich höre mich rufen

Hör auf damit. Und tu es nicht wieder, wenn ich nicht weiß, daß nicht du es bist

Mittwoch 9. Juni 1976

Langsam

Natasha	Montag Dienstag Mittwoch Freitag Samstag
Jutta	Nein. Montag Dienstag Mittwoch *Donnerstag* Freitag Samstag *Sonntag*
Natasha	Montag Dienstag Mittwoch Freitag Samstag Sonntag
Jutta	Nein. Montag Dienstag Mittwoch *Donnerstag* Freitag Samstag Sonntag
Natasha	Montag Dienstag Mittwoch Donnerstag Samstag Freitag Sonntag
Jutta	Nein. Montag. Dienstag Mittwoch Donnerstag *Freitag Samstag* Sonntag
Natasha	Sonntag Montag Dienstag Mittwoch Freitag Samstag Sonntag
Jutta	Nein. Sonntag Montag Dienstag Mittwoch Donnerstag Freitag *Samstag*
Natasha	Sonntag Dienstag Mittwoch Freitag Samstag Samstag Sonntag
Jutta	Nein! Sonntag *Montag* Dienstag Mittwoch *Donnerstag* Freitag Samstag
Ronnie	Natasha
Natasha	ja
Ronnie	Natasha
	presto e poco a poco accel. a prestissimo
	Montag Dienstag Mittwoch Donnerstag Freitag Samstag Sonntag
Natasha	Montag Dienstag Mittwoch

Ronnie Donnerstag Freitag Samstag Sonntag
Natasha Donnerstag Freitag Samstag Sonntag
Ronnie Mittwoch Donnerstag Freitag
Natasha Mittwoch Freitag Donnerstag
Ronnie Mittwoch Donnerstag Freitag
Natasha Mittwoch Donnerstag Freitag
Ronnie Mittwoch Donnerstag Freitag
Natasha Mittwoch Donnerstag Freitag
Ronnie Sonntag Montag Dienstag
Natasha Sonntag Montag Dienstag
Ronnie Mittwoch Donnerstag Freitag
Natasha Mittwoch Donnerstag Freitag
Ronnie Mittwoch Donnerstag Freitag Samstag
Natasha Mittwoch Donnerstag Freitag Samstag
Ronnie Donnerstag Freitag Samstag Sonntag
Natasha Donnerstag Freitag Samstag Sonntag
Ronnie Sonntag Montag Dienstag Mittwoch Donnerstag Freitag Samstag
Natasha Sonntag Montag Dienstag Mittwoch Donnerstag Freitag Samstag
Ronnie Montag Dienstag Mittwoch Donnerstag Freitag Samstag Sonntag
Natasha Montag Dienstag Mittwoch Donnerstag Freitag Samstag Sonntag
Ronnie Montag Dienstag Mittwoch Donnerstag Freitag Samstag Sonntag
Natasha Montag Dienstag Mittwoch Freitag Sonntag Samstag
Ronnie du hast den Donnerstag ausgelassen, und du hast Samstag und Sonntag vertauscht

Natasha beugt sich vor, fällt vom Stuhl, wälzt sich prustend und glucksend am Boden und klettert dann wieder auf ihren Sitz

Ronnie Sonntag Montag Dienstag Mittwoch Donnerstag Freitag Samstag
Natasha Montag Dienstag Freitag Sonntag
Ronnie du hast den Sonntag am Anfang weggelassen,
Mittwoch und Donnerstag in der Mitte,
und am Ende hast du den Samstag durch den Sonntag ersetzt

Wieder »krümmt« sich Natasha in hilflosem Glucksen und Prusten, fällt zu Boden, wälzt sich hin und her und krabbelt dann wieder auf den Stuhl, um weiterzumachen

Ronnie — Montag Dienstag Mittwoch Donnerstag Freitag Samstag Sonntag

Natasha — Montag Dienstag Mittwoch Donnerstag Samstag Freitag Sonntag Montag

Ronnie — du hast Freitag und Samstag vertauscht
und den Montag angehängt

Das gleiche Spiel wie vorher

Natasha — weiter Daddy weiter

Daddy — das *kitzelt,* nicht wahr?
es kitzelt ganz hinten in deinem Gehirn

Natasha — ja *(juchzend und prustend)* ja Daddy, das stimmt.
Kitzle mich Daddy

Und ich kitzelte sie

16. Juni 1976

Gestern abend

Natasha — wo tanzt der Schnee?

Daddy — ich weiß nicht

Natasha — auf dem Schneeball

Sonntag 19. Juni 1976

Natasha — Daddy, ich hab das ganze Klavier heruntergespielt

Sie hatte »links unten«, wie wir es nennen, angefangen und sich bis nach »rechts oben« durchgespielt

Sonntag	**27. Juni 1976**
	Natasha liest schweigend
Natasha	kannst du mich lesen hören?
Jutta	nein, Natasha

	Juni 1976
Natasha	Kann Gott sich selber umbringen?
Mami	ich weiß nicht

Sonntag	**28. Juni 1976**
	Monty ist ein alter Freund von mir. Natasha sieht ihn zum erstenmal
Natasha	wer steht morgens auf und geht in den Laden?
Monty	ich weiß nicht
Natasha	der Ladenhüter

	Ich erzählte Monty, daß Jutta mir erzählt hatte, daß Natasha gefragt hatte: »Kann Gott sich selber umbringen?«
Monty	es besteht eine unglaublich enge Beziehung zwischen dem Sex und dem Tod. Ich will dir sagen, was in dieser Frage steckt. Sie fragt im Grunde: »Masturbiert Gott?«
Ronnie	und das heißt: »Masturbiert Daddy?«
Monty	genau. Sie möchte wissen, ob du es ohne Mami tust, ob du Mami brauchst: ob sie es anstelle Mamis mit dir tun kann
Ronnie	jetzt fängst du schon wieder an
Monty	ich hoffe, es stört dich nicht, daß ich so direkt bin
Ronnie	Aber nein überhaupt nicht

Mittwoch 30. Juni 1976

Vor ein paar Tagen

Adam hast du den schon gehört?
Daddy welchen?
Adam den
Daddy welchen?
Adam *den*
Daddy ach komm
Adam also da war ein Mann, nicht wahr
Daddy ja
Adam unterbrich mich doch nicht und als er noch ein Junge war fragte ihn sein Vater was er sich wünsche und er bat seinen Vater um ein Gehirn und da gab ihm sein Vater ein Fernsehgerät und er wurde etwas älter und war ein Teenager und sein Vater fragte ihn was er sich wünsche und er bat seinen Vater um ein Gehirn und da gab ihm sein Vater ein Haus und er wurde älter und war ein erwachsener Mann und wieder fragte ihn sein Vater was er sich wünsche und er schrie: »Vater gib mir endlich ein Gehirn!« und sein Vater gab ihm einen Wagen und er fuhr damit und hatte einen Unfall und dabei ging der größte Teil seines Gehirns kaputt, und nun lag er mit diesem kaputten Gehirn im Krankenwagen und wurde zum Krankenhaus gefahren, und sein Vater saß neben ihm, und er sagte zu seinem Vater: »Vater, du hättest mir ein Gehirn geben sollen.«
Daddy ich weiß nicht, ob ich das komisch finde oder nicht
Natasha ich finde es komisch
Daddy na ja dann

Donnerstag 8. Juli 1976

Einer von Adams Freunden blieb gestern zum Übernachten bei uns.

Adam gib David einen Gutenachtkuß, Mami
David *(acht Jahre alt)* oh es tut mir leid, aber ich lasse mich nur von meiner Mami und anderen Verwandten küssen

Montag	**28. Juli 1976**
Adam	bist du schon im *innersten Kern* der Erde gewesen?
Daddy	nein
Adam	warum nicht? niemand ist dort gewesen.
	es ist sehr heiß und sehr tief
Natasha	tiefer als dieser Tisch

Adam	im Fernsehen haben sie gesagt, daß die Weihnachtsfeiertage in diesem Jahr länger sind
Daddy	ja
Adam	wie können sie länger sein?
	heißt das, daß die Zeit *bis* Weihnachten länger ist?
Daddy	sie können die Weihnachtsfeiertage länger machen, aber sie können nicht die Zeit *bis* Weihnachten länger machen

	Juli 1976
Daddy	hast du eine Schachtel Streichhölzer gesehen
Natasha	ja auf der Anrichte liegt eine
	Ich ging zur Anrichte. Natasha ging mit mir. Ich fragte mich, warum. Ich fand die Streichhölzer, nahm eins aus der Schachtel und zündete mir damit eine Zigarette an. Sie beobachtete mich die ganze Zeit
Natasha	*(verblüfft)* aber Adam hat doch gesagt, es sind die Trickstreichhölzer
Daddy	nun, das da war jedenfalls echt
Natasha	darf ich mal?
	Sie nimmt die Schachtel, holt ein Streichholz heraus, fährt über die Reibfläche. Es brennt
Natasha	aber es sind doch die *Trick*streichhölzer
Daddy	das hat Adam gesagt
Natasha	aber es *sind* die Trickstreichhölzer

Daddy	Adam muß da einen Fehler gemacht haben
Natasha	aber ich hab sie selber hingelegt
Daddy	nun?
Natasha	kann ich noch eins probieren
Daddy	Nein. Es sind nicht sehr viele drin. Ich möchte nicht, daß alle aufgebraucht werden
Natasha	ach komm, kann ich noch eins probieren
Daddy	na meinetwegen
	Sie probiert noch eins aus, und auch das brennt
Natasha	manche sind Trickstreichhölzer und manche sind echt
Daddy	ich wette, sie sind alle echt
Natasha	ich hab sie *genau* da hingelegt
Daddy	Adam muß die Streichhölzer ausgetauscht haben
Natasha	Nein. Niemand kann sie ausgetauscht haben. *(Pause)* Oh Daddy! *(völlig aufgelöst)*. *(Pause)* Die Streichhölzer müssen sich verändert haben

August 1976

Natasha	und was bedeutet »fluchen«?
Ronnie	manche Wörter beziehen sich auf Gott und göttliche Dinge. Wenn man sie in trivialem Zusammenhang verwendet oder mit unanständigen Wörtern vermischt, dann spricht man von »fluchen«
Natasha	was bedeutet »beziehen sich«?
Ronnie	das Wort »Tisch« bezieht sich auf einen wirklichen Tisch
Natasha	ah ja *(ungeduldig)* Und was bedeutet »trivial«?
Ronnie	unbedeutend
Natasha	Daddy?
Ronnie	ja
Natasha	Daddy, was ist das Gegenteil von schwarz?
Ronnie	weiß
Natasha	und was ist das Gegenteil von die?
Ronnie	der

Natasha	und was ist das Gegenteil von Engel?
Ronnie	Teufel
Natasha	und jetzt sag sie nacheinander
Ronnie	wie meinst du das?
Natasha	sag das Gegenteil von schwarz
Ronnie	weiß
Natasha	und das Gegenteil von
Ronnie	ach so, O. K., weiß der Teufel
Natasha	du hast geflucht Daddy
Ronnie	ja
Natasha	du hast gesagt weiß der Teufel Daddy! du hast geflucht Daddy!

August 1976

Natasha zu Paul, ihrem erwachsenen Halbbruder

Konntest du als Kind deine Mami zum Lachen bringen?

Adam	warum sprang das Gerippe nicht von der Klippe?
Ich	ich weiß nicht
Adam	weil es sich kein Herz fassen konnte

Korfu* **2. September 1976**

Der Wind jagt die Wolken und läßt die Baumwipfel schwanken

Natasha schwankt der Mond?

Nina ist jünger als Adam, und sie ist sehr gut im Rechtschreiben

* 1976 verbrachten wir den September in Korfu, unter einem Dach mit unseren Freunden Arthur und Janet und ihren Kindern Kira (8) und Nina (7).

Nina	bist du gut im Rechtschreiben?
Adam	ich bin darin besser als du und du bist sogar noch besser als ich

September 1976

Natasha	was setzt du als erstes in einen Garten?
Arthur	ich weiß nicht
Natasha	deinen Fuß

Natasha	ich will heute nacht nicht in meinem Bett schlafen
Arthur	das bleibt ganz dir überlassen. Von mir aus kannst du überall schlafen
Natasha	dann schlafe ich bei dir
Kira	ich auch
Nina	ich auch
Arthur	*(lachend)* das geht nicht
Natasha	warum nicht? Janette schläft bei dir, warum kann dann nicht ich bei dir schlafen oder Kira bei dir schlafen oder Nina bei dir schlafen
Arthur	*(lachend)* bei mir schläft nur Janette
Natasha	das ist nicht fair, Arthur, das ist nicht fair
Ronnie	wo *wollt* ihr denn überhaupt schlafen?
Natasha	ich will in seinem Nasenloch schlafen
Nina	ich will in seinem Ohr schlafen
Kira	ich will im Innern von Daddys Penis schlafen

5. September 1976

	Natasha hält ein kleines Rad hoch
	habt ihr Max' unsichtbares Auto schon gesehen?
Alle	nein
Natasha	es hat unsichtbare Türen, unsichtbare Sitze, einen unsichtbaren Motor und drei unsichtbare Räder. Es ist – *unsichtbar!*

Fisch zum Mittagessen

Adam	*(zu mir)* angenommen du hättest ganz ganz ganz arg Hunger, du hättest nichts zu essen, und du wärst kurz vor dem Verhungern – würdest du dann deine Frau aufessen?
Ronnie	du meinst Jutta?
Adam	ja
Ronnie	nicht wenn sie am Leben wäre. Wenn sie vollkommen tot wäre und mir der Hungertod drohte, dann würde ich vielleicht ihre Leiche essen. Vielleicht, vielleicht
Arthur	wer weiß, wen wir jetzt gerade essen?
Ronnie	würdest du Mammi essen?
Adam	nein ich würde Mammi nicht essen
Jutta	würdest du Max essen?
Ronnie	würdest du mich essen?
Arthur	kennt ihr diese buddhistische Geschichte? Ein Ehepaar kommt mit seinem Sohn in die Wüste. Es gibt nichts zu essen. Sie sind am Verhungern. Sie müssen die Wüste durchqueren. Der Vater ist bereit, sich essen zu lassen, und die Frau. Doch dann kommen sie darauf, daß sie zu zweit ohne ein Kind eine Chance haben, daß aber einer von ihnen mit einem Kind keine Chance hat. Sie können jederzeit wieder ein Kind zeugen. Also essen sie ihren Sohn. Und die Buddhisten sagen, wir sollten alles, was wir essen, so essen, als sei es unser eigenes Kind
Ronnie	oder die eigene Oma. Dieser Fisch könnte meine Oma sein
Janette	erkennst du sie am Geruch wieder?
Ronnie	meine Oma hat immer davon geträumt, im Mittelmeer zu schwimmen, und so kam sie als Fisch auf die Welt zurück und erfüllte sich ihren alten Traum und schwamm glücklich umher, doch dann wurde sie gefangen, und nun essen wir sie
Adam	*(allzu leichtgläubig)* hat deine Oma
Ronnie	*(ihn unterbrechend)* Nein ich hab das nur erfunden
Jutta	diese Unterhaltung verdirbt mir das Essen

Arthur	du bist offenbar die einzige, die das so mitgenommen hat

10. September 1976

Adam	warum schreibst du nicht ein Buch über das Fluchen?
Ronnie	ein Buch über das Fluchen?
Adam	ja. Schreib ein Buch über das, was Fluchen *bedeutet.* Du weißt schon, Arschloch und Scheiß dies und Scheiß das und solche Ausdrücke. Schreib ein Buch und sag den Leuten, was das alles *bedeutet*

Korfu **September 1976**

Seit Tagen keine Wolke am Himmel. Immer nur diese Mittelmeersonne

Adam	Glaubst du, daß sich die Sonne damit an den Wolken rächt?

10. September

Heute, an Adams neuntem Geburtstag, ein paar von seinen Fragen.

Wie wird der Zeitzünder an einer Handgranate reguliert?
Sinkt Blei in Quecksilber?
Warum geht schon ein einziges Staubkorn im Wasser unter?
Warum fällt schon ein einziger Wassertropfen durch die Luft nach unten?
und:
Warum zittert eine Panzerfaust?

Die halbe Zeit sitzt Adam beim Frühstück nicht auf seinem Stuhl, sondern er steht oder springt auf und ab. Wie oft ist er schon angehalten worden, »bitte« und »danke« zu sagen und Dinge, die ihm gereicht werden, zurückzugeben und nicht einfach nach Honig und Marmelade und Butter zu rufen, sondern erst zu schauen, wo sie stehen,
und

Arthur	sieh mich an, wenn du mich um etwas bittest, Adam
	und
Jutta	iß nicht mit vollem Mund
Adam	iß nicht mit vollem Mund!
Ronnie	diesmal hat er dich
Adam	ha ha ha
Ronnie	du weißt trotzdem, was sie meint
Adam	sprich nicht mit offenem Mund

Natasha	Ronnie, ich meine Daddy
Daddy	ja Natasha
Natasha	wie viele Jahre sind es noch bis zu meinem Geburtstag?
Daddy	aber Natasha, ich hab dir doch gesagt, von einem Geburtstag bis zum nächsten vergeht ein Jahr, es ist also immer weniger als ein Jahr bis zu deinem nächsten Geburtstag

---

Natasha erzählt mir, sie habe noch nie einen Alptraum gehabt

September 1976

Während einer Auseinandersetzung über ein Spielzeug

Natasha — er hat es mir geschenkt
Adam — *er* hat es *dir* geschenkt und
ich hab es *mir* geschenkt

September 1976

Nach dem Abendessen. Es ist sternenklar. Wir sind unterwegs zum Strand, wo wir ein Feuer machen wollen. Arthur geht voraus.

Natasha — Daddy!? Nimmst du mich huckepack?
Daddy — Ja, Natasha

Und ich hebe sie auf meine Schultern. Wie lange werde ich das wohl noch tun können?

Natasha — du darfst aber nicht meine Zehen zwiebeln
Daddy — ist gut, Natasha
Natasha — Arthur hat sie nämlich schon gezwiebelt

Ach! Jetzt bin ich nicht mehr der einzige, dem sie erlaubt, ihre Zehen zu zwiebeln

---

Nacht

wir liegen auf dem Rücken und betrachten die Sterne

Daddy — wie ist das nur alles entstanden?
Adam — meinst du »wer hat es gemacht«?
Daddy — so war's nicht ganz gemeint, aber bitte
Adam — ein toter Mann
Daddy — ein toter Mann?! wie meinst du denn das?
Adam — ja. Ein totes menschliches Wesen

Beim Frühstück

Daddy	was hast du denn damit gemeint, ein totes menschliches Wesen? Ein Gespenst?
Adam	ein Gespenst, ein Geist
Daddy	ein Geist
Adam	ja wenn man stirbt. Dann geht ein Geist nach oben *(macht eine Handbewegung von seinem Kopf nach oben)* und ein anderer geht nach unten – der gute geht nach oben und der schlechte nach unten
Daddy	und sie sind beide in uns, solange wir leben?
Adam	ja
Daddy	und wie meinst du das, ein Geist hat das alles gemacht?
Adam	nicht *das alles,* das meine ich nicht
Daddy	die Sterne?
Adam	die Sterne waren schon vor uns da. Manche Leute sagen, Gott hat es gemacht. Gott ist ein Geist. Aber ich glaube nicht, daß Gott es gemacht hat. Glaubst du, daß Gott existiert, Arthur?
Arthur	ja ich glaube, Gott existiert
Adam	Gott muß geboren worden sein
Daddy	wie könnte Gott geboren worden sein? Wenn er existiert, muß er immer da sein, ewig
Adam	wie ging Gott dann über die Erde? und überhaupt, wer hat Gott gemacht?
Kira	*(zu Arthur)* Mami und du, ihr habt mich gemacht
Arthur	wir haben dich nicht *gemacht*
Kira	wo komme ich dann her?
Nina	die Menschen kommen von den Menschen. Und Gott hat die ersten Menschen gemacht
Adam	Die Menschen kommen von Tieren her, die wie Affen waren. Sie hatten kleinere Gehirne. Und sie kamen wieder von anderen Tieren. Und vor denen gab es Dinosaurier und solche Dinge, und Fische und das Meer. Dieser Planet ist wie die Sterne. Er ist aus Gasen entstanden. Und dann fingen Dinge an zu wachsen, und einige von ihnen wurden zu Menschen. Und sie entwik-

kelten eine Naturwissenschaft und Technik, aus Eisen und Metallen, und sie machten Dinge, die wir heute haben, Messer und Rasierklingen und Telefone und Schreibmaschinen und Autos und Flugzeuge und Teleskope und solche Dinge – sie entwickelten die Naturwissenschaft und die Technik, und so lernen wir alles mögliche, durch die Wissenschaft

Mittwoch 15. September 1976

Beim Abendessen

Adam	Komm schon, komm schon
Daddy	was soll denn das heißen, »komm schon, komm schon«?
Adam	Komm schon, Komm schon. Fluch! Fluch! Ich möchte dich fluchen hören.
Daddy	Komm schon, komm schon selber. Ich hab keine Lust zu fluchen. Warum willst du mich fluchen hören?
Adam	ich möchte, daß du fluchst
Daddy	ich will aber nicht fluchen
Adam	fluch! los fluch!
Daddy	ich hab keine Lust zu fluchen
Adam	fluch!
Daddy	warum?
Adam	ich möchte mich dir anschließen
Daddy	du möchtest dich mir anschließen?
Adam	ja ich möchte mich dir anschließen
Daddy	warum möchtest du dich mir anschließen?
Adam	um es dir auszutreiben
Daddy	um es mir auszutreiben?
Adam	ja, um es dir auszutreiben
	(Pause)
Daddy	das ist ein Grund, weshalb ich mal angefangen habe
Adam	ja?
Daddy	oh ja. Das war ein Grund. Ich habe mich ihnen angeschlossen, um es ihnen auszutreiben. Und dann wurde es mir selber zur Gewohnheit

Adam ach so

(Pause)

Daddy aber jetzt hab ich keine Lust mehr dazu

Adam keine Lust mehr?

Daddy nein

Adam nein?

Daddy ist das dann in Ordnung?

Adam dann ist es in Ordnung

Daddy O. K.?

Adam O. K.

Korfu September 1976

Ein Nachmittag am Strand

Adam sichtet ein unidentifiziertes Objekt, das ziemlich weit draußen auf dem Wasser schwimmt. Er schlägt uns ein »Projekt« vor, das mehrere »Teiloperationen« umfassen soll. Im wesentlichen besteht es darin, daß er, Arthur und ich zu dem Objekt hinausschwimmen, es identifizieren und – falls das »durchführbar« ist – an Land bringen.

Die erste »Teiloperation« verläuft undramatisch. Arthur, er und ich stehen auf einem Fels am Ufer. Jeder wirft Taucherbrille und Schnorchel ins Wasser, springt hinterher, holt sie heraus und legt sie an.

Operation Zwei sieht vor, daß wir zu dem unidentifizierten Objekt hinausschwimmen. Wir machen uns gemeinsam auf den Weg. Bald schwammen mir Adam und Arthur davon, und es dauerte nicht lange, da war ich so weit hinausgeschwommen wie seit mindestens fünfundzwanzig Jahren nicht mehr. Noch weiter hieß für mich zu weit. Das Objekt, ein schwarzer Schatten, schien genauso weit entfernt wie vom Ufer aus. Adam und Arthur waren vielleicht zehn bis fünfzehn Meter vor mir. Dann drehte Arthur um. Adam wollte noch weiter, aber Arthur verlangte, daß auch er kehrtmachte. Sie kamen zu mir zurückgeschwommen, und dann strebten wir zu dritt dem Ufer zu.

Ich war froh, als ich mit wackligen Knien wieder auf festem Boden war, und ließ mich dankbar in den Sand fallen. Auch Arthur sah ganz erleichtert aus. Adam war blaß vor Wut. Ich hatte ihn noch nie so wütend gesehen. Der Zorn *schüttelte* ihn. Er warf sich in den Sand und zuckte und wand sich wie ein Aal vor lauter Frustration.

Er gab Arthur die ganze Schuld, weil er umgekehrt war.

Arthur Schieb's doch nicht auf mich! Das Ding war noch *weit* weg
Adam Das ist nicht wahr

Jutta hatte vom Ufer aus zugesehen

Jutta Ihr hattet erst den halben Weg
Adam Das stimmt überhaupt nicht. Wir waren fast da
Daddy Nein wir waren nicht fast da. Es war immer noch *weit* weg. Eindeutig *zu* weit weg
Adam nein
Daddy doch
Arthur Adam! *(er hörte nicht zu)* Adam!! Deine Mami hat es vom Ufer aus gesehen
Adam hat sie überhaupt nicht
Daddy es war zu weit weg

Adam blickte von einem zum andern

Daddy So glaub mir doch. Es war zu weit weg
Arthur Es war immer noch weit weg
Jutta Ihr hattet noch nicht mal den halben Weg

Er war völlig umzingelt

Adam Ihr lügt alle
Arthur Hör mal. Warum sollten wir dich anlügen, Adam. Wir sind alle Freunde

Adam sagte nichts

Arthur Es war zu weit weg für mich, und es war eindeutig zu weit weg für dich

Er sagte immer noch nichts

Daddy Sieh mal Adam, du kannst doch nicht weiter schwimmen als Arthur, ja nicht mal weiter als ich

Adam Woher willst du das wissen

Daddy Deine Mami hat uns vom Ufer aus zugesehen
Wir hatten erst den halben Weg

Jutta das stimmt

Adam sie lügt

Jutta Nein, ich lüge nicht. Du hörst überhaupt niemand zu, das ist dein Problem

Adam also dir hör ich bestimmt nicht zu

Jutta Sei vorsichtig. Sei bloß vorsichtig

Daddy Glaubst du im Ernst, daß du es besser weißt als alle anderen

Adam sagte nichts
Wir gönnten uns alle eine kurze Atempause. Außer Adam, der immer noch weitermachte, auch wenn er schwieg

Daddy So oder so. Es ist ja keine Niederlage

Adam Doch das ist es

Und alles begann wieder von vorn. Nach drei vollen Runden, die mit nur geringfügigen Abweichungen nach dem obigen Muster verliefen, war Adams Zorn um keine Spur geringer geworden

Jutta es war eine optische Täuschung

Adam eine was?

Jutta eine optische Täuschung

Adam Eine optische Täuschung!? Was ist eine »optische Täuschung«?

Jutta etwas, das anders aussieht, als es wirklich ist

Adam heißt das, daß ich meinen Augen nicht trauen kann?!

Daddy Nun ja. Nicht immer. Nicht einfach so. Nicht ohne Vorbehalte

Adam Vorbehalte?

Und so weiter und so weiter

Abends

Adam	wenn du einen Wunsch freihättest, was wäre das dann?
Ich	kann es ein Zustand sein oder ein Gegenstand oder
Adam	was du eben möchtest
Ich	ich möchte gern glücklich sein – wenn ich *glücklich* wäre, dann müßten viele Dinge für mich in Ordnung sein
Adam	und was wäre dein zweiter Wunsch?
Ich	daß alle anderen glücklich sind
Adam	*alle* anderen? in der ganzen Welt?
Ich	ja. warum denn nicht?
Adam	selbst gegen ihren Willen?
Jutta	glaubst du, daß es Leute gibt, die nicht glücklich sein wollen?
Ich	na gut. Ich will keinen *zwingen,* glücklich zu sein. Sagen wir: daß alle, die glücklich sein wollen, auch glücklich sein können
	(Pause)
Adam	Daddy?
Daddy	ja
Adam	wärst du lieber stark oder lieber schwach?
Daddy	ich wäre lieber stark
Adam	wärst du lieber gescheit oder lieber dumm?
Daddy	ich wäre lieber gescheit
Adam	wärst du lieber schwach und gescheit oder lieber dumm und stark?
Daddy	schwach und gescheit
Adam	und wärst du lieber glücklich und schwach oder lieber stolz und stark
Daddy	glücklich und schwach

Oktober 1976

Natasha	Hast du dieses Buch* geschrieben?
Daddy	ja
Natasha	das haben sie sehr gut gedruckt *(blättert die Seiten durch)* da steht nicht viel auf dem Papier. Schau mal, auf dieser Seite ist fast gar nichts. Oder diese Seite. So wenig hab ich noch *nie* auf einer Seite gesehen. Ich glaube, das ist das *lächerlichste* Buch, das ich je gesehen habe

28. Oktober 1976

Adam	Daddy?
Daddy	ja Adam
Adam	wann habe ich Geburtstag?
Daddy	weißt du denn deinen Geburtstag immer noch nicht auswendig?
Adam	schon, aber wie lange ist es noch bis zu meinem Geburtstag?
Daddy	wie meinst du das?
Adam	wie viele Monate sind es noch?
Daddy	hast du die Monate noch nicht gelernt?
Adam	ach komm schon Daddy
Daddy	jetzt haben wir Oktober. Dann kommt November, Dezember, Januar, Februar, März, April, Mai, Juni, Juli, August, *September*
Adam	ach du lieber Gott
Daddy	nun, es eilt doch nicht
Jutta	alle haben einen Geburtstag vor dir, außer Daddy
Adam	ooch *(verdrießlich)*
Daddy	hast du das noch nicht gewußt?
	ich hab es jedenfalls mit meinem nächsten Geburtstag nicht eilig
Adam	aber *ich* hab es eilig
Daddy	du wirst nie wieder neun sein

* *Do You Love Me?*

Adam das will ich auch gar nicht mehr sein
Daddy an deinem nächsten Geburtstag wirst du zehn
Adam ich weiß. Ich kann es kaum erwarten
Daddy du solltest jeden Tag in deinem Leben möglichst gut ausnützen
jede Minute
du bekommst nicht eine Sekunde zurück
Adam möchtest du noch einmal jung sein?
möchtest du noch einmal neun sein?
möchtest du noch einmal achtzehn sein?
nun sag schon. möchtest du noch einmal achtundzwanzig sein?
Daddy möchte ich mein Leben noch einmal von vorne beginnen?

November 1976

Adam Daddy, bringst du mir ein Weihnachtslied bei, in einer *tollen* Tonart?

Donnerstag 30. Dezember 1976

Nacht

Jutta, Adam, Natasha und Max sind eben aus Stuttgart zurückgekommen, wo sie eine Woche bei Opa und Omile und der übrigen Familie Juttas waren.
Ich selbst kehrte schon ein paar Tage vorher zurück.
Nun sitzen Natasha und ich gemütlich auf dem Sofa, draußen ist alles Schnee und Eis.

Natasha hast du Klavier gespielt, als wir an der Haustür läuteten?
Daddy nein
Natasha hast du ferngesehen?
Daddy nein
Natasha warst du gerade beim Essen?
Daddy nein

Natasha — warst du am Schreiben?
Daddy — nein
Natasha — bist du auf- und abgegangen?
Daddy — nein
Natasha — hast du deine Pfeife geraucht?
Daddy — nein
Natasha — hast du in Büchern studiert?
Daddy — nein
Natasha — hast du einfach dagesessen?!
Daddy — ich hab einfach dagesessen
Natasha — ah, jetzt weiß ich endlich, was du getan hast, als wir läuteten
Daddy — Und ich habe darauf gewartet, daß ihr läutet
Natasha — hast du gewußt, daß wir kommen?
Daddy — ich habe euch erwartet
Natasha — hast du aber *gewußt,* daß wir kommen?
Daddy — weißt du, als ich aus Stuttgart zurückkam, war es gerade zwanzig nach sieben, und als ich heute abend auf die Uhr schaute, war es gerade zwanzig nach sieben, da dachte ich mir, ich setze mich einfach hin und warte, daß es läutet
Natasha — und hast du gewußt, daß es läuten würde
Daddy — ich dachte es mir und dann hörte ich eure Stimmen und dann wußte ich es und dann hat es geläutet. Genau fünfundzwanzig Minuten nach sieben

Sie umarmt mich

Januar 1977

Abends in meinem Arbeitszimmer

Natasha — *(kommt herein, bietet mir ein Stück Bubble Gum an)* ich kann mit diesem Bubble Gum eine Blase machen *(Pause) (widerstrebend)* ich hab's heut nachmittag zum erstenmal gemacht *(sie kommt im Augenblick nicht sehr gut zurecht damit)* Kannst du Bubble Gum aufblasen?
Daddy — *(versucht sein Glück, ohne Erfolg)* nein

Natasha	klar kannst du das. Adam macht ganz *große* Blasen.
Daddy	na siehst du, jetzt hast du etwas, was er kann und ich nicht
Natasha	du kannst keinen Bubble Gum aufblasen! *(ungläubig)*
Daddy	als ich in deinem Alter war, bekam ich keinen Bubble Gum, deshalb fehlt mir die Übung *(offensichtlich ist das noch keine ausreichende Entschuldigung)* und als ich erwachsen wurde, war ich nie in der richtigen Stimmung
Natasha	und du bist der älteste, und du kannst keinen Bubble Gum aufblasen!
Daddy	na ja, vielleicht *könnte* ich's, wenn ich mich anstrengen würde, aber ich hab's nie richtig versucht
Natasha	*(entfernt sich kopfschüttelnd)* und du bist der älteste, und du kannst keinen Bubble Gum aufblasen

---

Jutta, Adam, Natasha und ich feierten zusammen Silvester mit einer Flasche Sekt
Adam wurde ganz von der Frage in Anspruch genommen, wie der Korken in die Flasche gekommen sein mochte

»Bewahr den Korken auf, ich will ihn untersuchen«

Februar 1977

Natasha spielt auf dem Klavier mal eine Haydn-Melodie, mal ein einfaches Lied.

Da kam ihr die Idee, beide zusammen zu spielen

Ich sagte ihr, sie habe den Kontrapunkt entdeckt!
Aber das interessierte sie nicht

28. Februar 1977

Wieder mal geht ein Western im Spätprogramm zu Ende

Der Gute und der Böse stehen sich offensichtlich zum letztenmal gegenüber

Sie ziehen ihre Waffe
Der Böse beginnt zu stürzen
Er verdreht die Augen nach oben. Er hat noch einen letzten Blick auf die Sonne

Natasha — Er hat gesagt: »Liebst Du Mich?«

Er stirbt

März 1977

Jutta ist verdutzt, als sie Adam dabei überrascht, wie er mit theatralischen magischen Stockhieben unserer kränkelnden Palme im Flur zu Leibe rückt

Jutta — Trau ich meinen Augen?
Trau ich meinen Augen?

Adam — nein

Später

Jutta — ich traute meinen Ohren nicht